Schritt für Schritt

SEIDENMALEREI

TECHNIK · ENTWURF · VARIATION

Titel der Originalausgabe: The step by step Art of Silk Painting
Übertragung aus dem Englischen: Reingard Kastenhuber
Lektorat: Alexander Troche

5 4 3 2 1 95 96 97 98 99

ISBN 3-86070-476-1

Schritt für Schritt

SEIDENMALEREI

TECHNIK · ENTWURF · VARIATION

Text von Jan Eaton

Fotos von Steve Tanner

KARL MÜLLER VERLAG

INHALT

Ausstattung

Die Seidenmalerei ist ein faszinierendes Hobby. Sie haben die Möglichkeit, mit verschiedenen Seidenstoffen experimentieren sowie ausgefallene Muster und Farben ausprobieren zu können. Zu jeder Seidenarbeit, die in diesem Buch vorgestellt wird, finden Sie genaue Angaben zu Stoff und Farbauswahl. Fühlen Sie sich aber bitte nicht an diese Vorgaben gebunden, sondern setzen Sie Ihre eigenen Ideen in die Tat um. Berücksichtigen Sie dabei lediglich all das, was Sie auf den folgenden Seiten über mögliche Seidenmaltechniken erfahren. Für alle hier gezeigten Arbeiten wurden Seidenmalfarben verwendet, die sich problemlos mit dem Bügeleisen fixieren lassen.

Seidenmalfarben
Seidenmalfarben werden von verschiedenen Firmen angeboten. Jeder Hersteller verfügt dabei über eine leicht voneinander abweichende Farbmusterpalette. Die meisten Seidenmalfarben können jedoch miteinander auf demselben Stück Stoff verwendet werden. Damit Sie wissen, wie die Farben wirken, machen Sie sich am besten ein Farbmuster (vgl. Seite 11). Tragen Sie die Seidenmalfarben mit einem Pinsel, einem Wattestäbchen oder einer Pipette auf den Stoff auf – je nachdem, für welche Seidenmaltechnik Sie sich entschieden haben.

Konturenmittel
Seidenmalfarben zerfließen, wenn sie auf ein Stück Stoff aufgebracht werden. Um dieses Ausbreiten der Farben zu verhindern, verwendet man Konturenmittel zur Begrenzung. Diese Konturenmittel werden auch Gutta genannt. In diesem Buch wurden Konturenmittel auf Wasserbasis verwendet, da diese – vor allem für Anfänger – leichter zu handhaben sind. Es gibt klare oder eingefärbte Gutta sowie Gutta mit Metallic-Effekt (Silber, Gold, Kupfer). Anfänger sollten wissen, daß Fehler weniger auffallen, wenn man klare Gutta benutzt.

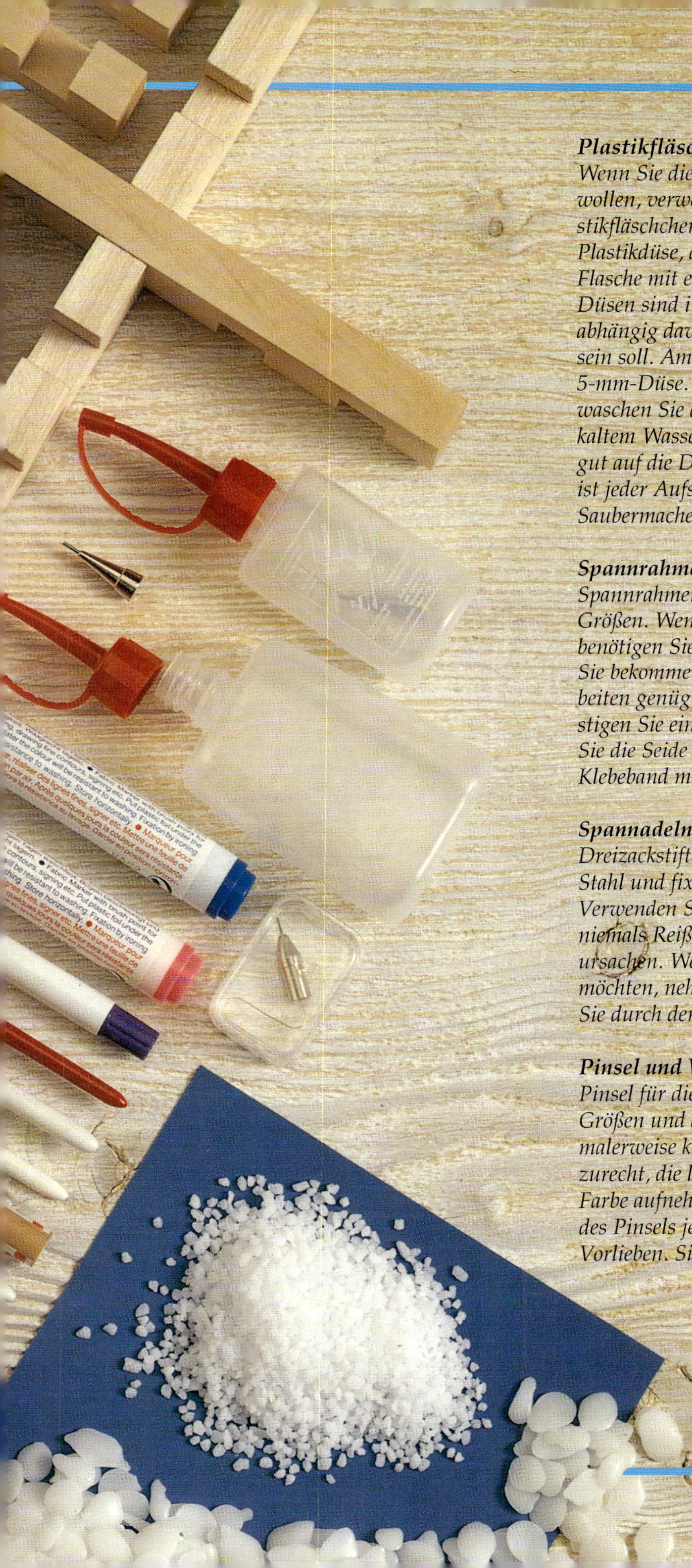

Plastikfläschchen für Gutta
Wenn Sie die Gutta auf den Seidenstoff aufbringen wollen, verwenden Sie dazu am besten ein Plastikfläschchen. Die einfachste Ausführung hat eine Plastikdüse, am besten zu handhaben ist jedoch eine Flasche mit einer Aufsatzdüse aus Metall. Diese Düsen sind in unterschiedlichen Größen erhältlich, abhängig davon, wie dick die gezogene Linie später sein soll. Am häufigsten verwendet man eine 5-mm-Düse. Wenn Sie Ihre Arbeit beenden, waschen Sie das Plastikfläschchen sorgfältig mit kaltem Wasser aus. Dabei müssen Sie besonders gut auf die Düse achten. Ein dünnes Stück Draht ist jeder Aufsatzdüse beigelegt und hilft Ihnen beim Saubermachen.

Spannrahmen
Spannrahmen gibt es in vielen verschiedenen Größen. Wenn Sie einen Schal bemalen wollen, benötigen Sie vermutlich den größten Rahmen, den Sie bekommen können. Für viele kleinere Seidenarbeiten genügt ein 30 x 30 cm großer Rahmen. Befestigen Sie ein Klebeband auf Ihrem Rahmen, bevor Sie die Seide darauf spannen. Erneuern Sie das Klebeband mit jeder neuen Arbeit.

Spannadeln und Dreizackstifte
Dreizackstifte sind Befestigungsstifte aus leichtem Stahl und fixieren die Seide auf dem Spannrahmen. Verwenden Sie zum Befestigen des Seidenstoffes niemals Reißzwecken, da sie unschöne Löcher verursachen. Wenn Sie ein rolliertes Tuch bemalen möchten, nehmen Sie am besten Spannadeln, die Sie durch den Saum am Spannrahmen feststecken.

Pinsel und Wattestäbchen
Pinsel für die Seidenmalerei gibt es in zahlreichen Größen und aus verschiedensten Materialien. Normalerweise kommen Sie am besten mit Pinseln zurecht, die lange Borsten haben, da diese viel Farbe aufnehmen können. Letztendlich ist die Wahl des Pinsels jedoch mehr eine Frage persönlicher Vorlieben. Sie werden sicherlich Pinsel in verschiedenen Größen kaufen müssen: Mit kleinen Pinseln zeichnen Sie kleine, komplizierte Muster, mit großen die Hintergründe. Schaumstoffpinsel (siehe Abbildung Seite 6) eignen sich, um große Flächen möglichst schnell auszumalen. Wattestäbchen sind als Alternative zum Pinsel zu sehen; sie haben den Vorteil, daß sie sehr billig sind und daß man sie nach Gebrauch wegwerfen kann. Von Nachteil ist jedoch, daß man mit Wattestäbchen nur schlecht Details ausmalen kann.

Farbpalette und Pipetten
Kaufen Sie eine weiße Porzellan- oder Plastikpalette und mehrere Pipetten. Geben Sie ein bißchen von jeder Farbe auf die Palette, verwenden Sie aber für jede Farbe eine extra Pipette. Glaspipetten gibt es in jeder Apotheke zu kaufen.

Phantomstift
Mit dem Phantomstift können Linien gezeichnet werden, die nach maximal 72 Stunden verschwunden sind – abhängig von der Dicke des Seidenstoffes und der Luftfeuchtigkeit.

Salz
Probieren Sie ruhig verschiedene Salzsorten aus, wenn Sie mit der Salztechnik arbeiten – die Ergebnisse werden sehr unterschiedlich ausfallen. Effektsalz gibt es in speziellen Bastelläden. Nehmen Sie aber ruhig auch Meersalz oder Steinsalz. Für eine Salzlösung verwenden Sie am besten Kochsalz, da es sich am leichtesten auflösen läßt. Bewahren Sie das Salz in einem luftdicht abgeschlossenen Behälter auf, damit es keine Feuchtigkeit anzieht.

Wachs
Für die Wachstechnik nehmen Sie am besten Batikwachs. Batikwachs ist eine Mischung verschiedener Wachsarten.

Plastiktuch
Damit Ihre Arbeitsfläche sauber bleibt, kaufen Sie sich eine dünne Plastiktischdecke.

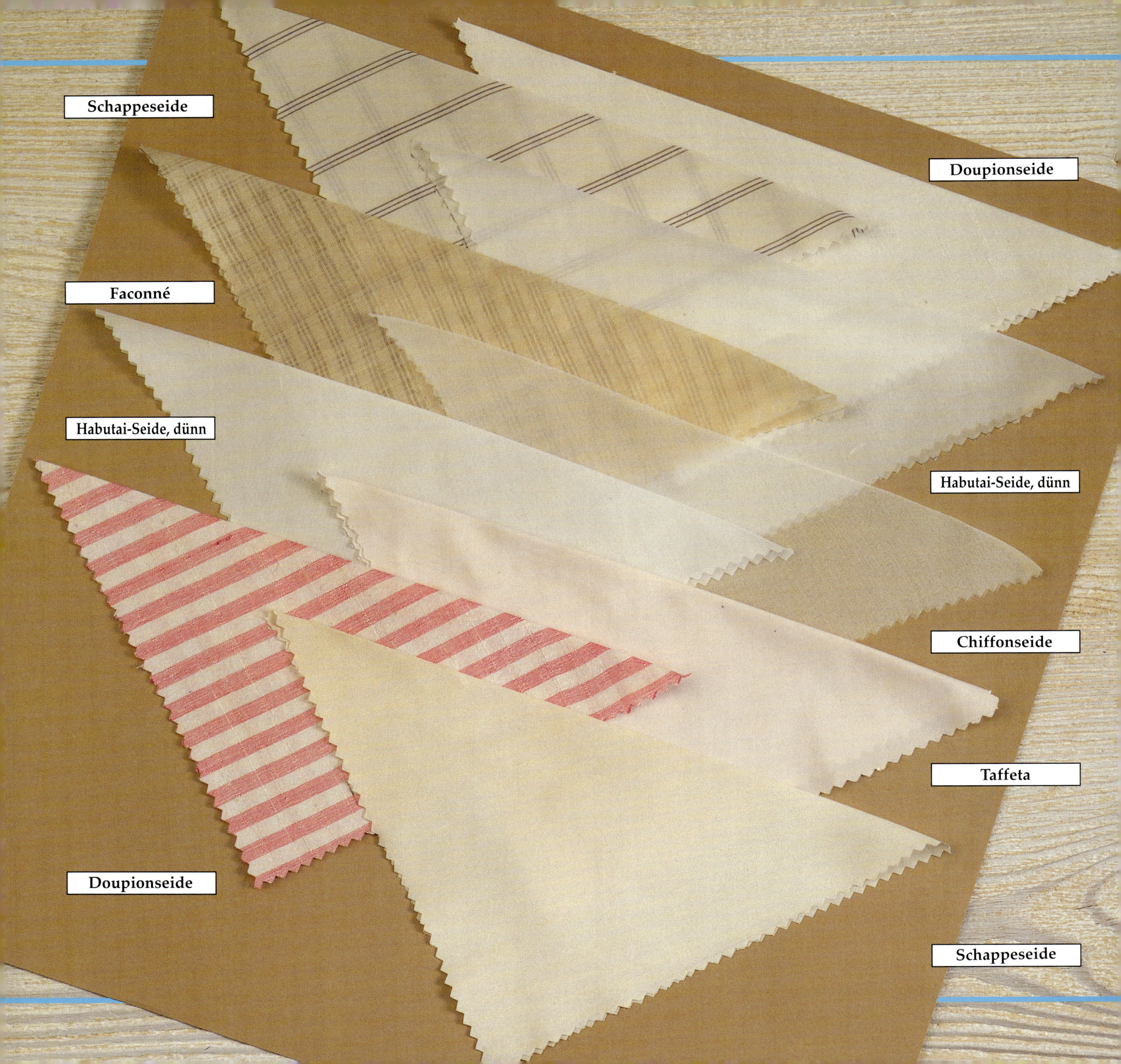
Schappeseide
Doupionseide
Faconné
Habutai-Seide, dünn
Habutai-Seide, dünn
Chiffonseide
Taffeta
Doupionseide
Schappeseide

Material

Die gebräuchlichsten Stoffe
Seidenstoffe sind unterschiedlich schwer und von unterschiedlicher Webart. Unregelmäßigkeiten im Gewebe, vor allem bei den schwereren Seidenstoffen wie Doupion- oder Thai-Seide, kommen häufig vor und sind nicht als Fehler anzusehen. Wenn Sie Ihren Seidenstoff mit Gutta bearbeiten wollen, eignen sich am besten Stoffe mit einer glatten Oberfläche, wie zum Beispiel Habutai-Seide. Für Salzeffekt- sowie Knülltechnik eignen sich nahezu alle Stoffe. Auf der linken Seite ist eine kleine Auswahl an Seidenstoffen abgebildet. In manchen Läden können Sie Seide kaufen, die nicht chemisch behandelt wurde, was bedeutet, daß sie nicht gewaschen zu werden braucht. Alle anderen Seidenstoffe müssen Sie vor dem Bemalen waschen, trocknen und bügeln, damit keine chemischen Rückstände mehr in der Seide enthalten sind. Verwenden Sie dazu eine milde Seife oder Babyshampoo, und geben Sie einen Schuß Essig in das letzte Spülwasser.

Habutai-Seide
Ein glatter Seidenstoff, der auch als Pongé oder Japanseide bezeichnet wird. Habutai-Seide ist in verschiedenen Gewichtsklassen erhältlich. Die dünnste Habutai-Seide (5 mm) eignet sich besonders für Schals und Tücher. Mittlere Habutai-Seide (8 mm) ist vielseitig verwendbar und läßt Gutta gut eindringen. Die kräftigen Habutai-Sorten sind vorgewaschen und gut geeignet für die Schablonen- und Knülltechnik.

Twill
Auffallend sind die diagonal verlaufenden Grate. Twill ist etwas schwerer als Habutai-Seide. Es kann gut mit Gutta bearbeitet werden. Das Gewebe neigt dazu, die Farbe in eine bestimmte Richtung zerfließen zu lassen, so daß Sie das Konturenmittel dick auftragen müssen, um Brüche zu vermeiden.

Georgette
Georgette ist ein transparentes Gewebe und wird hauptsächlich für Schals verwendet. Dieser Seidenstoff eignet sich für fast alle Techniken mit Ausnahme der Wachstechnik.

Taffeta und Schappeseide
Feste und ziemlich schwere Seidenstoffe mit dichtem Gewebe. Schappeseide ist leicht glänzend und hat ein etwas offeneres Gewebe als Taffeta. Auffallend sind die häufig eingewebten Streifen und Karos.

Doupion- und Thai-Seide
Doupionseide ist in vielen Farben und mit unterschiedlichen Mustern – Streifen und Karos – erhältlich. Doupionseide ist ein kräftiger Seidenstoff mit unregelmäßigen Noppen im Gewebe. Er eignet sich für die Knüll-, Salzeffekt-, Schablonen- und Sprühtechnik. Gutta kann allerdings in diesen Stoff nicht eindringen. Thai-Seide sieht ganz ähnlich aus, ist aber feiner gewebt und glänzend.

Bouretteseide
Bouretteseide spinnt man aus den Kurzfasern, die bei der Verarbeitung des Kokons übrigbleiben. Bouretteseide ähnelt weit mehr einem Baumwollstoff; die Oberfläche ist etwas noppig, unregelmäßig und glänzend.

Faconné
Seidenstoffe mit gemustertem Gewebe oder eingewebten Metallfäden. Am häufigsten verwendet man Seidenjacquard; dieser Stoff nimmt Licht auf und reflektiert es.

Crêpe de Chine
Crêpe de Chine ist ein mattglänzender Seidenstoff, der sich leicht samtig anfühlt. Er fällt schwer und eignet sich besonders für Schals und Kleidungsstücke. Die Farben zerfließen sehr leicht, so daß es schwierig ist, klar begrenzte Flächen auszumalen. Sehr gut ist Crêpe de Chine allerdings für die Knülltechnik geeignet.

Auf jede dieser Stoffproben wurde ein einziger Tropfen Farbe gegeben.

CHIFFONSEIDE
Auf Seidenchiffon breitet sich der Farbtropfen nur wenig aus. Die Farbe trocknet schnell und hinterläßt einen auffallend dunklen Rand: gut geeignet für das Auftragen von Gutta.

SCHAPPESEIDE
Schappeseide nimmt die Farbe gut auf. Der Farbtropfen breitet sich abhängig vom Gewicht des Gewebes aus: gut geeignet für die Sprüh- und Knülltechnik.

DÜNNE UND MITTLERE HABUTAI-SEIDE
Auf dünner Habutai-Seide (5 mm) zerfließt die Farbe und breitet sich schnell aus. Auf mittlerer Habutai-Seide ist die Wirkung ganz ähnlich, die Ausdehnung allerdings etwas größer. Beide Seidenstoffe eignen sich ausgezeichnet für das Auftragen von Konturenmittel.

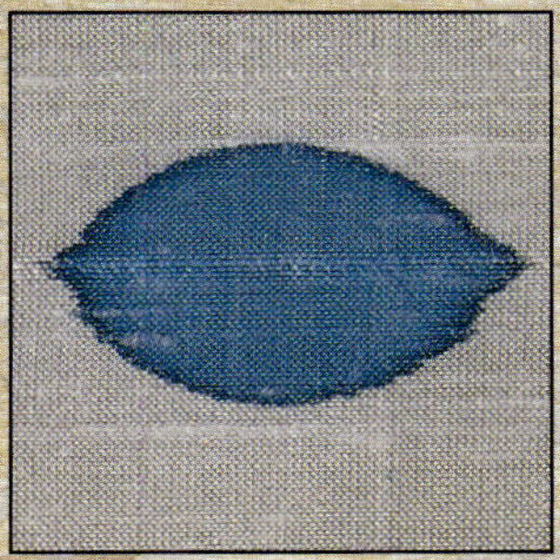

DOUPIONSEIDE
Die Farbe fließt dicklich über das Gewebe. Für das Auftragen von Gutta ungünstig. Besser geeignet für die Sprüh- oder Knülltechnik.

Techniken

Seidenmalerei

Bevor Sie anfangen zu malen, waschen Sie die Seide. Lassen Sie den Stoff anschließend trocknen und bügeln sie ihn, um eventuell noch vorhandene Appretur zu entfernen. Befestigen Sie auf den Kanten des Spannrahmens ein Klebeband, um das Holz zu schützen und um zu vermeiden, daß der Seidenstoff ihrer nächsten Seidenmalarbeit mit Farbe verunreinigt wird. Spannen Sie den Stoff mit Dreizackstiften auf den Rahmen - oder nehmen Sie Spannadeln, wenn Sie bereits rollierte Tücher verwenden. Tragen Sie die Seidenmalfarbe mit Wattestäbchen oder Pinseln auf. Um einen Eindruck von der am Schluß erzielten Farbwirkung zu bekommen, legen Sie sich am besten eine Farbkarte auf Habutai-Seide an (rechts unten). Befestigen Sie die Seide auf dem Rahmen und legen Sie mit klarer Gutta ein Quadrat für jede Farbe an. Tragen Sie die jeweilige Farbe auf, lassen Sie sie trocknen und notieren Sie sich die Farbnummer unter dem Quadrat.

1 *Befestigen Sie die Seide mit Dreizackstiften oder Spannadeln im Abstand von 4 cm auf dem Rahmen. Achten Sie darauf, daß der Stoff gespannt ist.*

2 *Rühren Sie die Gutta gründlich um und gießen Sie sie in das Plastikfläschchen. Drücken Sie – über Altpapier – so lange auf die Flasche, bis die Gutta gleichmäßig aus der Düse fließt. Tragen Sie die Konturen in einer durchgängigen Linie auf den Seidenstoff auf.*

5 *Lassen Sie die Farbe zwischen den einzelnen Arbeitsschritten trocknen. Füllen Sie die restlichen Flächen mit Farbe aus. Nehmen Sie für jede Farbe ein neues Wattestäbchen. Wenn Sie eine große Fläche ausmalen, beginnen Sie am besten in der Mitte und arbeiten von innen nach außen, damit Sie die Farbe nicht verwischen.*

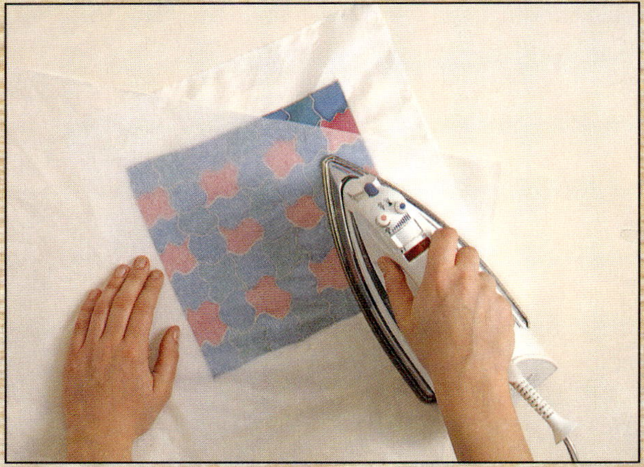

6 *Lassen Sie die fertige Malerei etwa 48 Stunden trocknen – bei metallischem Konturmittel etwas länger. Um die Seidenmalfarbe zu fixieren, legen Sie den Stoff mit der rechten Seite nach unten zwischen weißes Seidenpapier und bügeln das Ganze zwei Minuten lang. Spülen Sie das fertige Tuch in kaltem Wasser aus, um überschüssige Farbe zu entfernen. Dann lassen Sie Ihr Werk trocknen und bügeln es anschließend nochmals auf mittlerer Stufe.*

3 Lassen Sie das Konturenmittel vollständig trocknen – das kann mehrere Stunden dauern. Rühren Sie die Seidenmalfarben gründlich um. Tragen Sie die erste Farbe mit einem Wattestäbchen auf. Tauchen Sie das Wattestäbchen in die Farbe ein. Dann drücken Sie es auf den Stoff und lassen die Farbe auf das vorgezeichnete Feld fließen. Malen Sie das Feld aus.

4 Lassen Sie die erste Farbe völlig trocknen. Beginnen Sie dann die nächste Farbe. Sie werden schnell herausfinden, wieviel Farbe Sie für jedes Feld brauchen. Denken Sie aber bitte daran, daß, je dicker der Farbauftrag ist, um so dunkler das Ergebnis sein wird. Wenn Sie großflächig Farbe auftragen, kann es sein, daß diese ungleichmäßig trocknet, so daß ein zweiter Farbauftrag notwendig wird.

1 *Seide, die in eine Salzlösung getaucht wurde, bekommt beim Bemalen eine ausgesprochen interessante Struktur. Die ausgemalten Flächen haben ein ungleichmäßig getüpfeltes Muster mit kristallinen Rändern. Stellen Sie eine Salzlösung her, indem Sie 3 Teelöffel Kochsalz in eine hitzebeständige Schüssel gießen und 500 ml kochendes Wasser hinzufügen. Lösen Sie das Ganze mit einem Metallöffel auf. Dann alles abkühlen lassen.*

2 *Waschen Sie die Seide, um die Appretur zu entfernen, und lassen Sie den Stoff trocknen. Tauchen Sie die Seide in die kalte Salzlösung und drücken Sie sie mit einem Löffel nach unten. Weichen Sie ihn einige Minuten ein. Dann nehmen Sie den Stoff aus dem Gefäß und lassen ihn trocknen. Sie erzielen ganz unterschiedliche Effekte durch die Salzkonzentration. Eine stärkere Salzlösung verleiht der später aufgetragenen Farbe eine kräftigere kristalline Wirkung.*

3 *Wenn Sie den Seidenstoff nicht in eine Salzlösung eintauchen wollen, können Sie statt dessen den Stoff auch mit Dreizackstiften auf einem Spannrahmen befestigen und das Salz direkt mit einem großen, weichen Pinsel auf das Gewebe auftragen. Lassen Sie den Seidenstoff z. B. mit Hilfe eines Föns auf dem Rahmen trocknen. Nachdem Sie die Farben aufgetragen und fixiert haben, waschen Sie das Salz in warmem Wasser aus.*

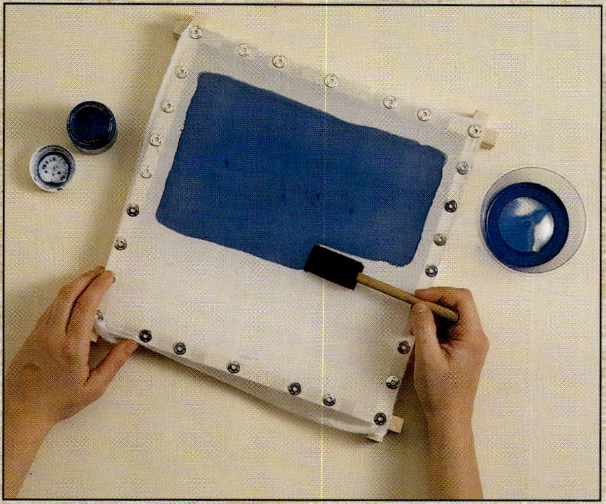

1 *Trockenes Salz zieht Wasser an, so daß Sie interessante und ungewöhnliche Effekte erzielen können, wenn Sie Salz auf nasse Seidenmalfarbe streuen. Für diese Technik müssen Sie den Seidenstoff wie üblich auf den Rahmen spannen und mit Dreizackstiften befestigen. Dann tragen Sie die Seidenmalfarbe mit einem (Schaumstoff-)Pinsel auf.*

2 *Über die noch feuchte Farbe streuen Sie Salz. Abhängig vom verwendeten Salz – Meersalz, Steinsalz oder Kochsalz – wird das spätere Aussehen Ihres Tuches sein. Ganz unterschiedliche Ergebnisse erzielen Sie auch, wenn Sie das Salz mehr verstreuen oder aber in einer dickeren Schicht auf den Stoff aufbringen. Lassen Sie das Ganze trocknen, bürsten Sie das Salz ab, fixieren Sie die Farben und waschen Sie den Seidenstoff.*

3 *Wenn Sie auf einem Schal gleichmäßig bemalte Flächen mit der Salztechnik in Verbindung bringen wollen, malen Sie zuerst die farbigen Flächen und lassen diese vollständig trocknen, bevor Sie damit beginnen, das Salz auf den Seidenstoff zu streuen. Auch ein einziges Salzkristall kann ein Muster zerstören, wenn die Farbe noch ein bißchen feucht ist. Verschließen Sie das Salz am besten in einem Gefäß mit Schraubverschluß.*

Knülltechnik

1 Das ist die schnellste Methode, einen Seidenstoff zu gestalten: Waschen Sie die Seide zuerst, um die Appretur zu entfernen. Spülen Sie den Stoff zwei- bis dreimal in kaltem Wasser aus. Drücken Sie die Seide vorsichtig aus, um überflüssiges Wasser zu entfernen. Legen Sie eine Plastikfolie auf eine glatte Arbeitsfläche. Darauf legen Sie dann den Seidenstoff. Mit beiden Händen knüllen und knittern Sie nun das Gewebe zusammen. Wischen Sie eventuell entstehende Wasserpfützen von der Plastikfolie.

2 Mit einer Pipette geben Sie nun tröpfchenweise Farbe auf die nasse Seide. Fangen Sie mit der hellsten Farbe an und verteilen Sie diese in regelmäßigen Abständen auf der zusammengeknüllten Seide. Die Farbe wird sich schnell ausbreiten und große Flecken bilden. Nehmen Sie für jede Farbe eine extra Pipette. Wiederholen Sie diesen Vorgang mit den restlichen Farben, bis das Gewebes vollständig überdeckt ist. Lassen Sie die Seide trocknen, bevor Sie sie von der Folie nehmen – das kann mehrere Stunden dauern. Dann fixieren Sie die Farben und waschen den Stoff, um überschüssige Farbe zu entfernen.

Wachstechnik

1 Befestigen Sie die Seide mit Dreizackstiften auf dem Spannrahmen. Füllen Sie etwas Batikwachsgranulat in eine hitzebeständige Schüssel und stellen Sie diese in einen alten Topf, der etwa 8 cm hoch mit kochendem Wasser gefüllt ist. Schmelzen Sie das Wachs. Lassen Sie die Schüssel im Topf stehen und tragen Sie das Wachs gleichmäßig mit einem alten Pinsel auf den Seidenstoff auf. Füllen Sie, falls nötig, Wasser nach.

2 Nehmen Sie die wachsbedeckte Seide vorsichtig vom Spannrahmen. Erneuern Sie das Klebeband. Legen Sie ein Blatt Papier auf Ihre Arbeitsfläche. Dann zerknüllen Sie die Seide mit beiden Händen, so daß die glatte Wachsoberfläche Risse bekommt. Je nachdem, ob Sie einen mehr oder weniger starken Krakeliereffekt erzielen wollen, müssen Sie die Seide kräftiger oder schwächer knüllen.

3 Glätten Sie die Seide sorgfältig und spannen Sie sie wieder auf den Rahmen. Gießen Sie die Seidenmalfarbe in einen flachen Behälter. Halten Sie ein Watteballchen mit einer Wäscheklammer fest und tauchen Sie dieses in die Farbe. Tragen Sie die Farbe mit kreisenden Bewegungen auf die gewachste Seide auf, so lange, bis die Risse mit Farbe durchtränkt sind.

4 Lassen Sie die Seide trocknen. Dann nehmen Sie den Stoff vom Rahmen. Legen Sie eine dicke Schicht Zeitungspapier auf Ihre Arbeitsfläche und bedecken Sie diese mit sauberem Papier. Darauf legen Sie den Seidenstoff und bedecken ihn ebenfalls mit Papier. Nun bügeln Sie das Wachs mit einem heißen Bügeleisen aus der Seide. Wenn das Papier mit Wachs durchtränkt ist, erneuern Sie es. Wiederholen Sie diesen Vorgang, bis alles sichtbare Wachs verschwunden ist. Waschen Sie den Stoff in heißem Wasser mit Waschpulver aus.

Vorlagen übertragen

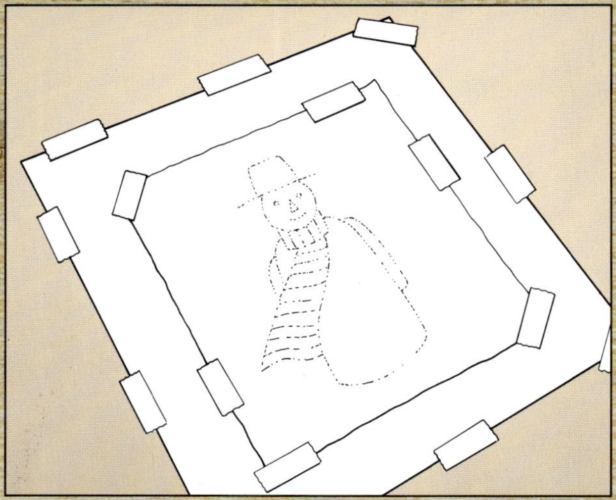

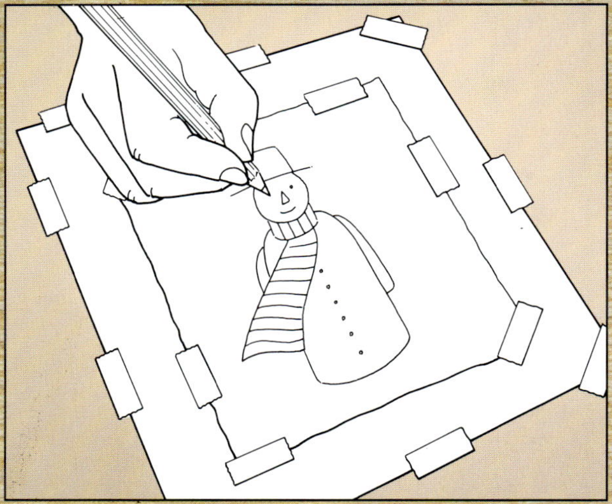

1 *Wenn Sie eine Vorlage auf Seide übertragen wollen, ohne zuerst ein Konturenmittel zu verwenden, waschen und bügeln Sie den Stoff. Legen Sie die Vorlage mit der Vorderseite nach oben auf eine glatte Arbeitsfläche und befestigen Sie das Motiv mit Klebeband. Darauf legen Sie nun den Seidenstoff und streichen ihn mit den Händen glatt, damit er keine Falten wirft. Vergewissern Sie sich, daß der Fadenlauf gerade verläuft und daß sich die Vorlage an der richtigen Stelle befindet. Das Motiv sollte durch die Seide hindurch gut zu erkennen sein.*

2 *Übertragen Sie die Vorlage mit einem Phantomstift auf den Stoff. Dieser Stift enthält eine spezielle Tinte, die sich unter Lufteinfluß verflüchtigt, so daß die vorgezeichneten Linien spätestens nach 72 Stunden wieder verschwunden sind. Bei hoher Luftfeuchtigkeit kann sich die Zeitdauer auch auf 8 bis 12 Stunden verkürzen.*

Mit einer Einlage verstärken

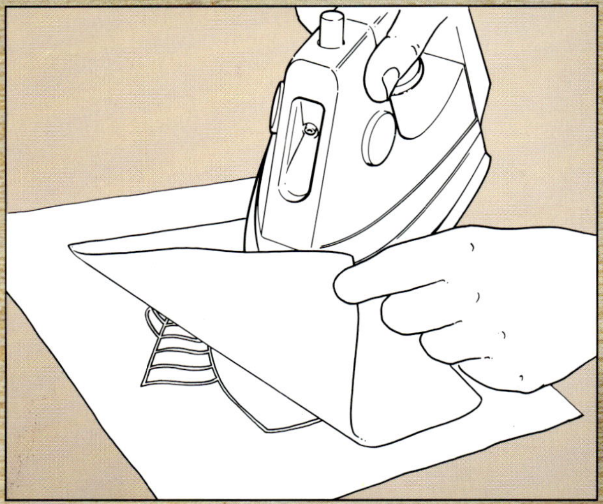

Verstärken Sie Ihre bemalte Seidenarbeit mit einer aufbügelbaren Einlage. Nehmen Sie für Kissen eine dünnere Einlage, für gerahmte Bilder und Dosendeckel eine etwas dickere. Legen Sie die Seide mit der rechten Seite nach unten auf das Bügelbrett, plazieren Sie die Einlage darauf (mit der Haftseite nach unten) und bügeln Sie diese nach Anweisung des Herstellers auf den Stoff.

Einen Kissenbezug nähen

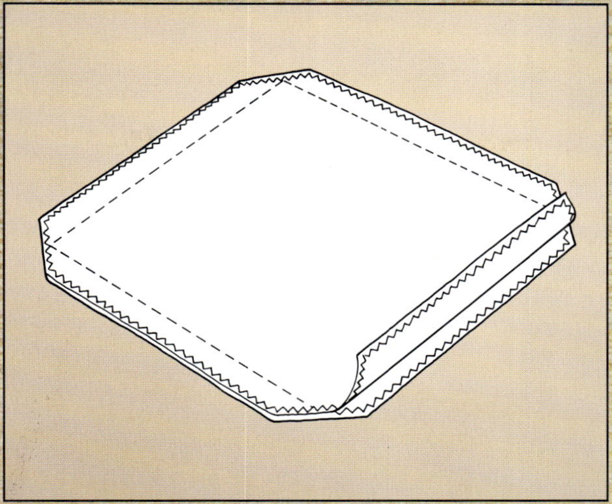

1 *Für einen Kissenbezug benötigen Sie zwei gleich große Stoffteile. Rechnen Sie an den Kanten jeweils 1,5 cm für die Nahtzugabe ein. Nähen Sie mit der Maschine 1,5 cm vom Rand entfernt die beiden Stoffteile an drei Seiten zusammen, lassen Sie die vierte Seite offen. Schneiden Sie die Ecken schräg ab.*

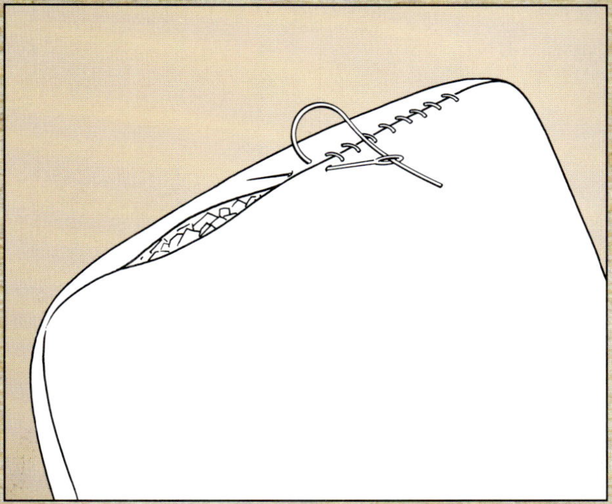

2 *Drehen Sie das Kissen auf die rechte Seite. Drücken Sie mit einer Stricknadel die Ecken nach außen, damit das Kissen eine quadratische Form erhält und bügeln Sie es. Stecken Sie die Füllung in den Bezug und nähen Sie die verbliebene Öffnung mit der Hand zu.*

Einen Saum mit der Hand nähen

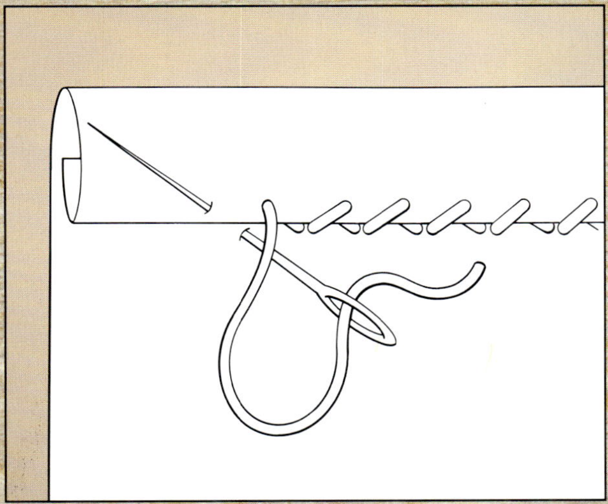

Falten Sie den Stoff zu einer schmalen Doppelnaht und stecken Sie diese mit Stecknadeln fest. Fädeln Sie die Nähseide auf eine Nadel und nähen Sie die Stoffteile mit kleinen Schrägstichen aneinander. Nehmen Sie bei jedem Stich einen oder zwei Fäden des Gewebes auf.

Knopflochstich

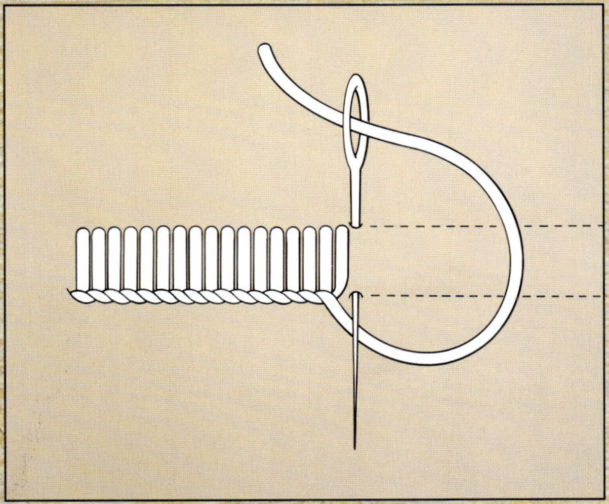

Der Knopflochstich ist ein Schlingstich, der dazu dient, eine Kante zu begrenzen. Verwenden Sie den Knopflochstich für die Manschettenknöpfe auf Seite 44 - 45. Der Knopflochstich wird wie oben abgebildet von links nach rechts gearbeitet. Achten Sie darauf, daß die Stiche ganz dicht nebeneinander liegen.

Einfache Schals

Beginnen Sie die Seidenmalerei mit einem einfachen Schal. Die für dieses Kapitel ausgewählten Seidenarbeiten sollen Sie mit der Vielzahl der Seidenmaltechniken vertraut machen. Bemalen Sie Ihren Schal mit klaren, geometrischen Formen – oder verleihen Sie ihm mit Stiefmütterchen einen eher femininen Touch!

Einfache Schals

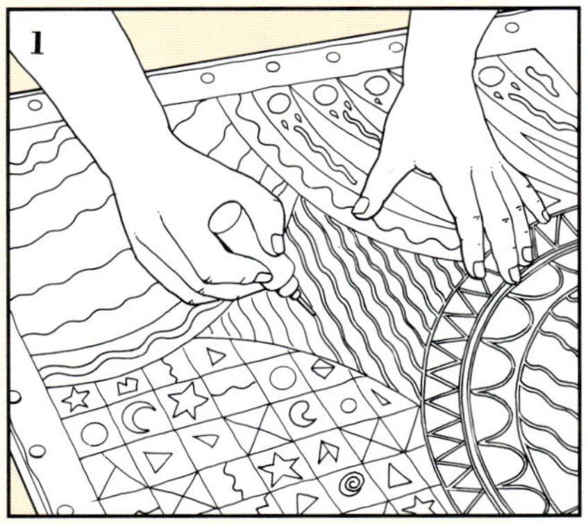

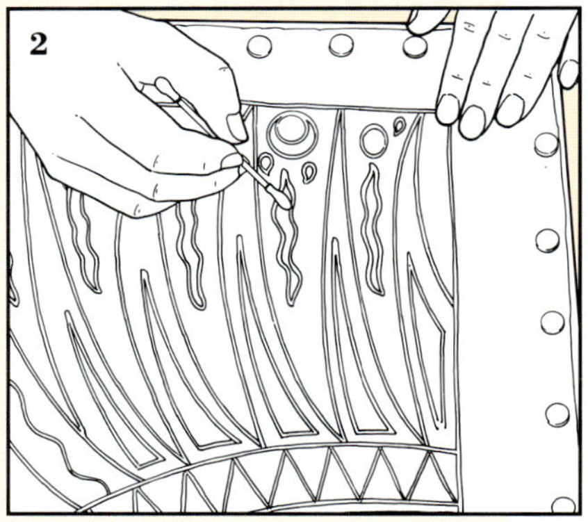

1 *Alle drei Muster sind freihand auf den Stoff gezeichnet. Nehmen Sie die Abbildungen als Vorlage und arbeiten Sie ebenfalls freihand. Orientieren Sie sich an der auf Seite 14 - 15 vorgestellten Seidenmaltechnik. Befestigen Sie den Stoff auf dem Spannrahmen und zeichnen Sie die Konturen mit goldfarbener Gutta. Beginnen Sie in der Mitte und arbeiten Sie von innen nach außen, damit nichts verwischt. Wenn Sie wollen, können Sie Ihren Namen noch mit Gutta in eine Ecke des Schals schreiben. Lassen Sie die Gutta vollständig trocknen, bevor Sie mit Ihrer Arbeit fortfahren.*

▶ *Dieses Ethno-Muster verleiht Ihrer Garderobe einen geradezu magischen Touch. Abstrakte Muster sind schnell und einfach zu malen, und der Goldton läßt den Schal besonders exklusiv aussehen.*

2 *Beginnen Sie mit einer Farbe, und arbeiten Sie von innen nach außen. Lassen Sie diese Farbe trocknen, bevor Sie mit der nächsten weiterarbeiten. So fahren Sie fort, bis Sie alle Farben aufgetragen haben. Den breiten Rand des dunkelbraunen Schals zeichnen Sie am besten mit einem Schaumstoffpinsel. Fixieren Sie die Seidenmalfarben wie unter Punkt 6 auf Seite 10 beschrieben. Zuletzt säumen Sie die Kanten per Hand mit passender Nähseide ein (vgl. Seite 17).*

Sie brauchen:
Plastikfläschchen mit 0,5-mm-Aufsatzdüse
Einen großen Spannrahmen
Dreizackstifte
Pinsel oder Wattestäbchen
Nähseide

SCHAL MIT GEOMETRISCHEM MUSTER:
1 x 1 m weiße Habutai-Seide (8 mm)
Goldfarbene Gutta
Seidenmalfarben in Zitronengelb, Maisgelb, Orangerot, Zinnoberrot, Rotbraun, Dunkelbraun, Ocker, Hellgrün, Französischblau

SCHAL MIT GEMUSTERTEN STREIFEN:
75 x 75 cm Habutai-Seide (8 mm)
Goldfarbene Gutta
Seidenmalfarben in Zitronengelb, Rotbraun, Dunkelbraun, Ocker, Ultramarin, Violett, Schwarz

SCHAL MIT BREITER KANTE:
80 x 80 cm Habutai-Seide (8 mm)
Kupferfarbene Gutta
Seidenmalfarben in Maisgelb, Zinnoberrot, Rotbraun, Dunkelbraun, Ocker, Hellgrün, Violett, Schwarz
Einen 25 mm breiten Schaumstoffpinsel

Einfache Schals

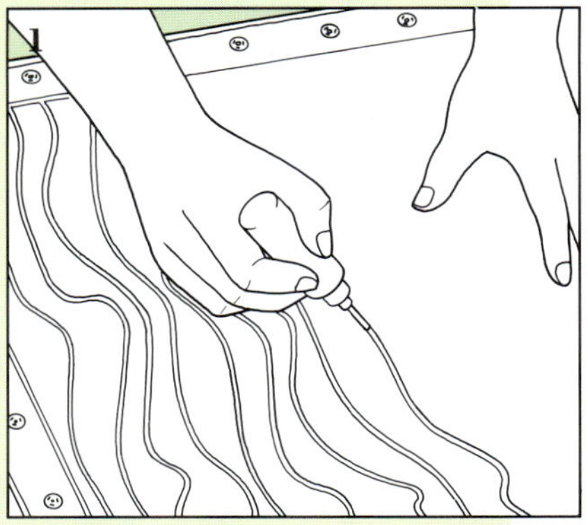

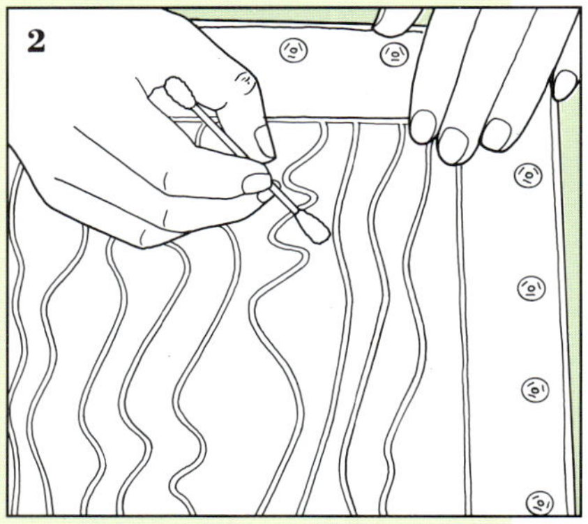

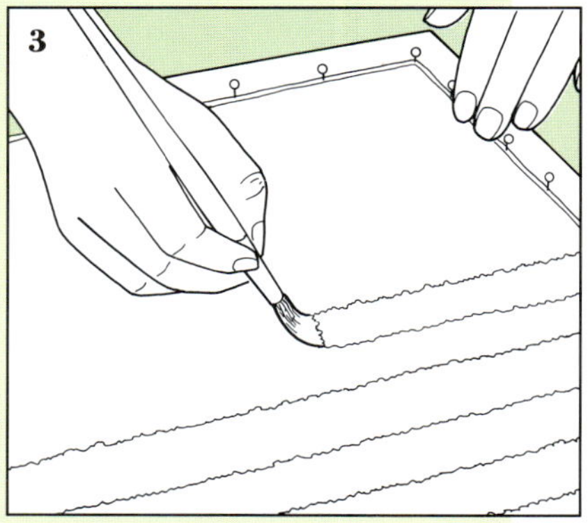

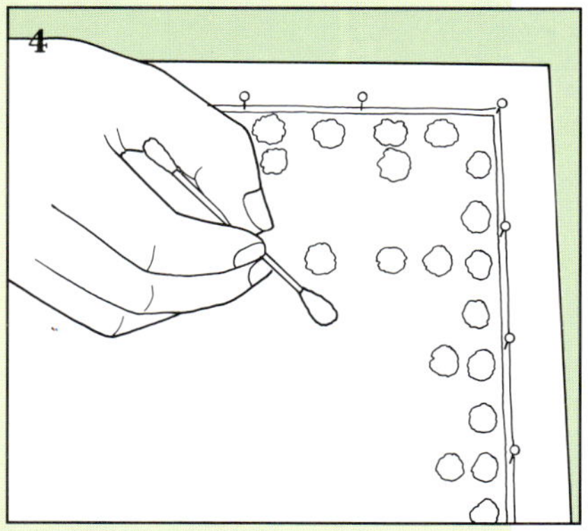

1 Für den Schal mit den Wellenlinien befestigen Sie den Seidenstoff mit Dreizackstiften auf dem Spannrahmen. Entsprechend der Seidenmaltechnik von Seite 14 - 15 ziehen Sie etwa 2,5 cm von der ungesäumten Kante entfernt eine Linie mit klarer Gutta rings um den Schal. Nun zeichnen Sie freihand Wellenlinien auf den Stoff; achten Sie dabei darauf, daß Sie immer bis zur Kante malen. Lassen Sie das Ganze trocknen.

2 Malen Sie Ihr Muster auf den Schal. Beginnen Sie mit einer Farbe und arbeiten Sie von links nach rechts. Lassen Sie diese Farbe trocknen und beginnen Sie erst dann, die nächste aufzutragen. Fahren Sie fort, bis Sie alle Farben aufgetragen haben. Achten Sie dabei immer darauf, daß Sie die Streifen bis zur Begrenzungslinie ausmalen. Fixieren Sie die Seidenmalfarben wie auf Seite 10 unter Punkt 6 beschrieben. Fassen Sie den Schal mit einem schmalen Saum ein (vgl. Seite 17).

3 Bereiten Sie die beiden anderen Schals vor, indem Sie sie zuerst in eine Salzlösung tauchen (vgl. Seite 12). Lassen Sie die Seidenstoffe trocknen. Den Schal mit den geraden Streifen befestigen Sie mit Spannadeln, die Sie durch den Saum stecken, auf dem Rahmen. Malen Sie die horizontalen Streifen mit einem Pinsel auf den Schal. Tragen Sie zuerst die gelbe Farbe auf. Füllen Sie dann die restlichen Streifen mit den anderen Farben aus. Fixieren Sie die Seidenmalfarben und waschen Sie den Schal in kaltem Wasser, um das Salz zu entfernen.

4 Für den getupften Schal befestigen sie den Schal mit Spannadeln auf dem Rahmen. Malen Sie ganz verstreut mit Wattestäbchen zitronengelbe, maisgelbe und violettfarbene Tupfen auf den Seidenstoff. Lassen Sie zwischen den Tupfen genügend Platz, damit die Seidenmalfarbe zerfließen kann. Tupfen Sie zuerst hellblaue, dann ultramarinfarbene Kleckse in die Mitte eines jeden gelben Tupfens, solange die Seidenmalfarbe noch naß ist. Zuletzt tupfen Sie entlang der Kante des Schals hellblaue Pünktchen. Fixieren Sie die Seidenmalfarben. Dann waschen Sie den Schal in kaltem Wasser.

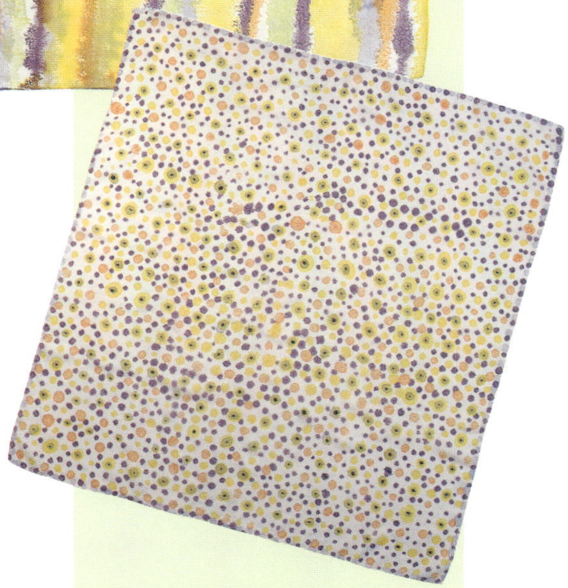

Sie brauchen:
Einen großen Spannrahmen
Dreizackstifte oder Spannadeln

SCHAL MIT WELLENLINIEN:
50 x 122 cm weiße Habutai-Seide (8 mm)
Klare Gutta
Plastikfläschchen mit einer 0,5-mm-Aufsatzdüse
Seidenmalfarben in Hellblau, Gelbgrün, Maisgelb, Zitronengelb, Orangerot, Pistaziengrün, Violett
Pinsel oder Wattestäbchen
Nähseide

SCHAL MIT STREIFEN:
Einen 55 x 55 cm großen weißen Habutai-Seidenschal (5 mm)
Salzlösung
Seidenmalfarben in Zitronengelb, Orangerot, Hellblau, Violett
Einen großen Pinsel

SCHAL MIT TUPFEN:
Einen 90 x 90 cm großen weißen Habutai-Seidenschal (8 mm)
Salzlösung
Seidenmalfarben in Zitronengelb, Maisgelb, Hellblau, Ultramarin, Violett
Wattestäbchen

▲ *Ein weicheres Erscheinungsbild erhält Ihre Seidenmalerei, wenn Sie den Seidenstoff mit Salz behandeln. Diese Streifen- und Punktmuster lassen sich schnell und einfach auf bereits rollierte Schals nacharbeiten.*

Sie brauchen:
Plastikfläschchen mit einer 0,5-mm-Aufsatzdüse
Einen großen Spannrahmen
Pinsel oder Wattestäbchen
Einen Phantomstift

SCHAL MIT KANTE:
Einen 55 x 55 cm großen lavendelfarbenen Habutai-Seidenschal (8 mm)
Klare, pink- und goldfarbene Gutta
Seidenmalfarben in Gelb, Hellgrün, Hellrosa, Lavendel, Himbeerrot, Violett
Spannadeln

SCHAL MIT STIEFMÜTTERCHEN:
Einen 55 x 55 cm großen hellrosafarbenen Habutai-Seidenschal (8 mm)
Klare und dunkelrote Gutta
Seidenmalfarben in Zitronengelb, Gelborange, Orange, Rosa, Rötlichviolett, Violett, Dunkelrot
Spannadeln

SCHAL MIT TULPEN:
43 x 122 cm weißen Seidenchiffon
Klare Gutta
Seidenmalfarben in Gelb, Rosa, Olivgrün
Dreizackstifte
Nähfaden

▲ *Etwas schwerere Seidenstoffe eignen sich ideal für Schals und können das ganze Jahr über getragen werden.*

◀ *Sehr schön sehen einzelne Tulpen auf dünnem weißen Seidenchiffon aus.*

1 *Alle drei Muster können freihand mit einem Phantomstift direkt auf den Seidenstoff gezeichnet werden. Sie können aber auch die Tulpenschablone von Seite 98 auf den Stoff übertragen (vgl. Seite 16). Befestigen Sie den lavendelfarbenen Schal mit Spannnadeln auf dem Rahmen. Arbeiten Sie nach der Seidenmaltechnik von Seite 14 - 15. Mit rosafarbener Gutta begrenzen Sie zunächst die Kante des Schals. Lassen Sie die Gutta trocknen. Dann zeichnen Sie die Umrisse der Blumen sowie kleine Kreise mit klarer Gutta auf die Seide. Lassen Sie das Ganze trocknen. In die Mitte der Blüte setzen Sie nun mit goldfarbener Gutta eine Spirale sowie einen kleinen goldenen Punkt in jeden Kreis.*

2 *Nehmen Sie die obenstehende Fotografie als Vorlage. Malen Sie das Muster der Kante, die Blumen und Kreise mit einem Pinsel oder mit Wattestäbchen. Arbeiten Sie immer nur mit einer Farbe und fangen Sie stets in der Mitte des Schals an. Lassen Sie jede Farbe trocknen, bevor Sie mit der nächsten weiterarbeiten. Fixieren Sie die Seidenmalfarben.*

3 *Für das Stiefmütterchenmuster befestigen Sie den rosafarbenen Schal mit Spannadeln auf dem Rahmen. Mit klarer Gutta zeichnen Sie neun Stiefmütterchenblüten auf den Schal, dann zeichnen Sie Schnörkellinien dazwischen. Lassen Sie das Ganze trocknen. Mit dunkelroter Gutta malen Sie anschließend Spiralen in die Mitte der Blüten sowie strahlenförmige Linien auf die Blütenblätter. Setzen Sie außerdem auf jeden Schnörkel mehrere dunkelrote Pünktchen. Malen Sie die Motive aus und fixieren Sie die Seidenmalfarben.*

4 *Für den Schal mit dem Tulpenmuster zeichnen Sie ganz beliebig Tulpenumrisse mit klarer Gutta auf den Seidenstoff. Lassen Sie die Gutta trocknen. Malen Sie die Tulpen aus und fixieren Sie die Seidenmalfarben. Zuletzt fassen Sie die Kante mit einem schmalen Saum per Hand ein (vgl. Seite 17). Verwenden Sie dazu passende Nähseide.*

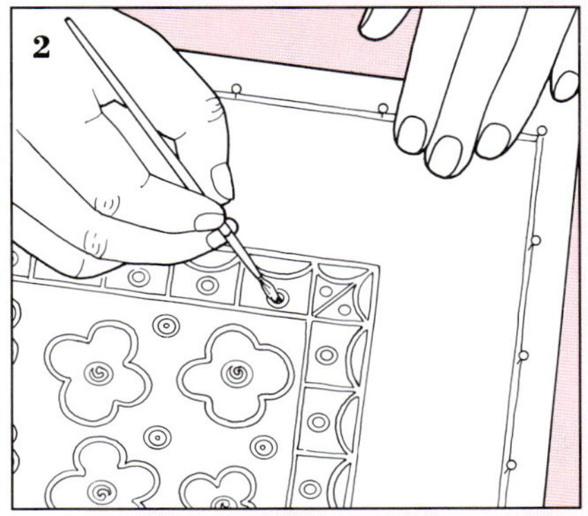

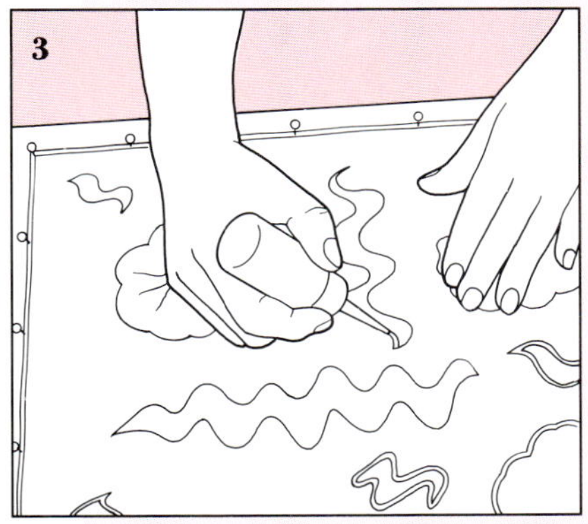

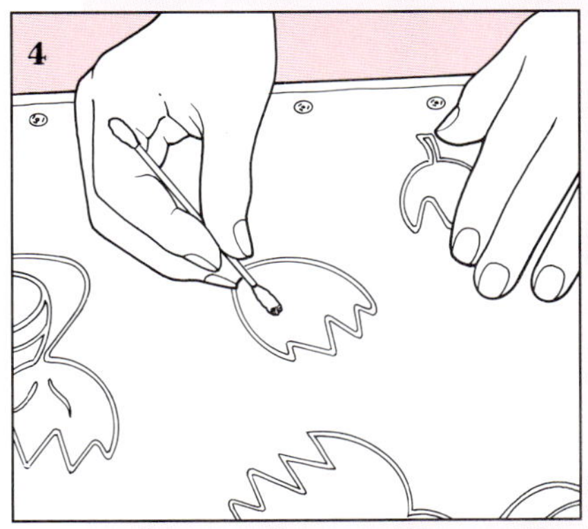

Einfache Schals

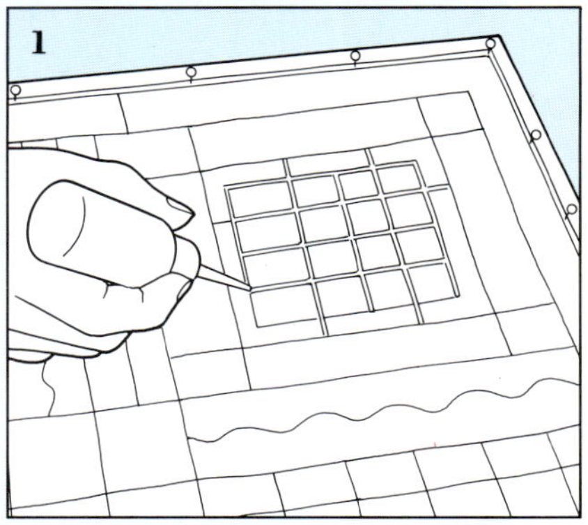

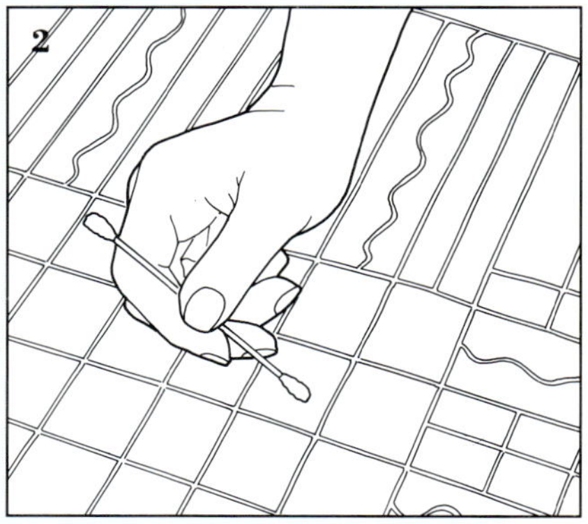

1 *Die Umrisse der Muster werden freihand mit einem Phantomstift auf den Seidenstoff gezeichnet. Befestigen Sie den großen Schal mit Spannadeln, die Sie durch den Saum stecken, auf dem Rahmen. Arbeiten sie nach der Seidenmaltechnik von Seite 14 - 15. Zeichnen Sie das Muster der Kante sowie die Motive in den Ecken des Schals mit klarer Gutta auf. Arbeiten Sie von links nach rechts. Lassen Sie das Ganze trocknen. Zeichnen Sie dann ein Schachbrettmuster in die Mitte des Tuchs – jedes Karo sollte eine Seitenlänge von 3 cm haben. Lassen Sie die Gutta trocknen.*

2 *Nehmen Sie die hier abgebildeten Fotos als Farbvorlage. Beginnen Sie, die Seidenmalfarben aufzutragen. Malen Sie immer nur mit einer Farbe; fangen Sie in der Mitte des Tuchs an und arbeiten Sie von innen nach außen, damit die Farben nicht verwischen. Lassen Sie jede Farbe vollständig trocknen, bevor Sie mit der nächsten weiterarbeiten. Fixieren Sie die Seidenmalfarben.*

Sie brauchen:
Einen großen Spannrahmen
Spannadeln
Pinsel oder Wattestäbchen
Einen Phantomstift

KARIERTER SCHAL MIT KANTE:
Einen 90 x 90 cm großen weißen Habutai-Seidenschal (8 mm)
Klare Gutta
Plastikfläschchen mit 0,5-mm-Aufsatzdüse
Seidenmalfarben in Zitronengelb, Orangerot, hellem Zinnoberrot, Mittelgrün, Tannengrün, Violett, dunklem Ultramarin

SCHAL MIT SCHOTTENKARO:
Einen 55 x 55 cm großen weißen Habutai-Seidenschal (5 mm)
Goldfarbene Gutta
Plastikfläschchen mit 0,5-mm-Aufsatzdüse
Seidenmalfarben in Zitronengelb, Orangerot, hellem Zinnoberrot, Mittelgrün, Tannengrün, Violett, dunklem Ultramarin

SCHAL MIT UNREGELMÄSSIGEM SCHOTTENKARO:
Einen 55 x 55 cm großen weißen Habutai-Seidenschal
Salzlösung
Seidenmalfarben in Zitronengelb, hellem Zinnoberrot, dunklem Ultramarin

◀ *Karomuster in leuchtenden Farben sehen phantastisch auf großen Flächen aus.*

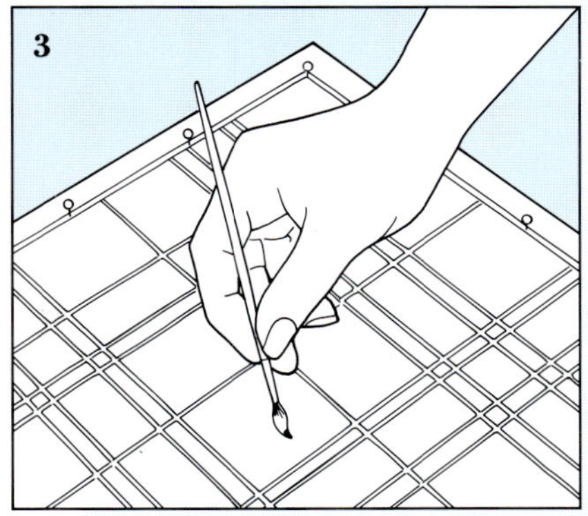

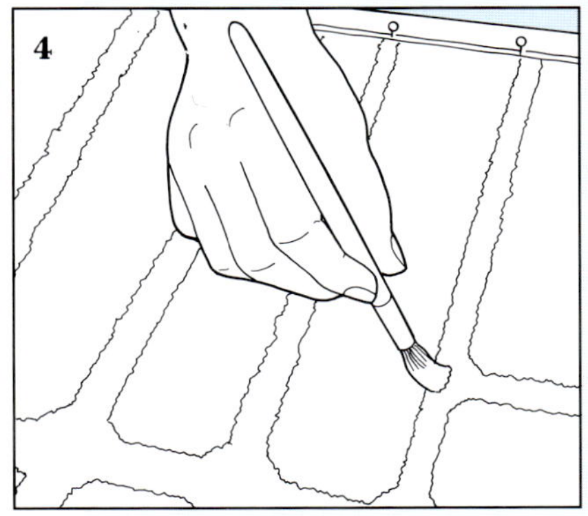

3 *Für den Schal mit dem Schottenkaro befestigen Sie den Seidenstoff mit Spannadeln auf dem Rahmen. Zeichnen Sie die Linien für das Schottenkaro mit goldfarbener Gutta auf den Schal. Verwenden Sie die hier abgebildeten Zeichnungen und Fotos als Vorlagen. Beginnen Sie Ihre Arbeit in der Mitte des Schals, damit Sie die Farben nicht verwischen. Lassen Sie das Ganze trocknen. Dann tragen Sie die Seidenmalfarben auf und fixieren sie.*

4 *Den Schal mit dem unregelmäßigen Schottenkaro müssen Sie zuerst – wie auf Seite 12 beschrieben – in eine Salzlösung legen. Lassen Sie den Stoff trocknen. Befestigen Sie die Seide mit Spannnadeln auf dem Rahmen. Malen Sie in horizontaler und vertikaler Richtung zitronengelbe Streifen mit einem großen Pinsel auf den Schal. Anschließend tragen Sie die rote und blaue Farbe auf. Fixieren Sie die Seidenmalfarben. Waschen Sie den Schal in kaltem Wasser, um das Salz zu entfernen.*

Einfache Schals

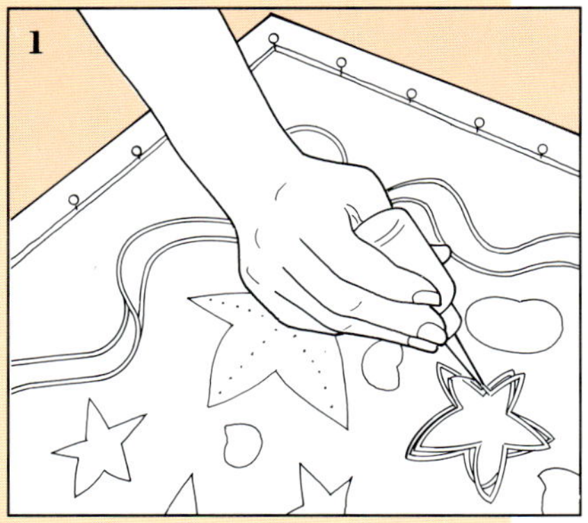

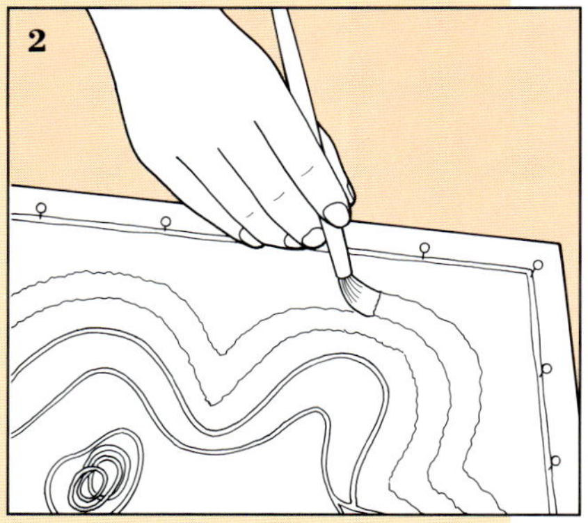

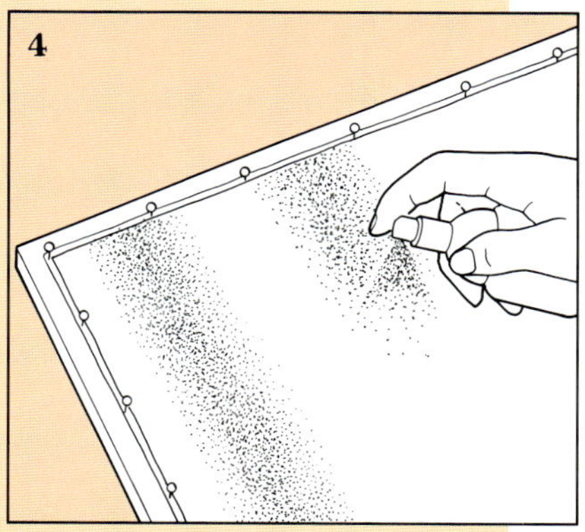

1 *Alle drei Muster werden mit einem Phantomstift freihand auf den Stoff gezeichnet, bevor Sie die Konturen mit Gutta nachziehen. Sie können aber auch die Muscheln von Seite 98 abpausen und auf die Seide übertragen (vgl. Seite 16). Für den Schal mit dem Seestern-Muster befestigen Sie den Stoff mit Spannadeln auf dem Rahmen. Arbeiten Sie nach der Seidenmaltechnik von Seite 14 - 15 und ziehen Sie die gewellte Kante um den Schal mit klarer Gutta. Lassen Sie die Gutta trocknen. Dann zeichnen Sie mit klarer Gutta Seesterne und Muscheln in die Mitte des Schals. Lassen Sie alles trocknen; malen Sie nun gold- und kupferfarbene Linien um jeden Seestern. Zeichnen Sie nahe an den bereits vorhandenen Linien, aber übermalen Sie diese nicht. Auf jeden Seestern tupfen Sie kleine kupferfarbene Pünktchen. Zuletzt verzieren Sie jede Muschel mit goldenen Spiralen. Lassen Sie alles vollständig trocknen.*

2 *Verwenden Sie die Fotos auf diesen Seiten als Farbvorlage. Malen Sie die Kante mit einem breiten Pinsel ockerfarben aus, lassen Sie aber jeden Farbstreifen trocknen, bevor Sie den nächsten auftragen. Malen Sie den blauen Kantenstreifen sowie die Seesterne und Muscheln auf. Malen Sie immer nur mit einer Farbe und lassen Sie diese gut trocknen, bevor Sie mit der nächsten beginnen. Fangen Sie mit Ihrer Arbeit in der Mitte des Schals an. Zuletzt malen Sie den Hintergrund dunkelblau aus. Verwenden Sie dazu einen großen Pinsel und lassen Sie einige Stellen weiß. Lassen Sie die blaue Farbe trocknen und malen Sie dann die weißen Flächen dunkelgrün aus. Fixieren Sie die Seidenmalfarben wie unter Punkt 6 auf Seite 10 beschrieben.*

3 *Für den Schal mit dem Muschelmuster befestigen Sie den pfirsichfarbenen Seidenstoff auf dem Rahmen. Mit kupferfarbener Gutta ziehen Sie zwei diagonale Linien über den Seidenstoff und unterteilen ihn so in vier Dreiecke. Zeichnen Sie mit kupferfarbener Gutta Muschelschalen, Spiralmuscheln und kleine Fische auf den Stoff. Lassen Sie das Ganze trocknen. Malen Sie die Motive aus und fixieren Sie die Seidenmalfarben.*

Sie brauchen:
Plastikfläschchen mit einer 0,5-mm-Aufsatzdüse
Einen großen Spannrahmen
Spannadeln
Pinsel oder Wattestäbchen
Einen Phantomstift

SCHAL MIT SEESTERN-MUSTER:
Einen 90 x 90 cm großen weißen Habutai-Seidenschal (8 mm)
Klare, gold- und kupferfarbene Gutta
Seidenmalfarben in Pfirsich, Lachsrosa, Französischblau, Dunkelgrün, Azurblau, Türkis, Ocker

SCHAL MIT MUSCHELMUSTER:
Einen 55 x 55 cm großen pfirsichfarbenen Habutai-Seidenschal (8 mm)
Kupferfarbene Gutta
Seidenmalfarben in Lachsrosa, Rosa, Altgold, Ocker, Grün, Türkis

SCHAL MIT FISCHMUSTER:
Einen 40 x 150 cm großen weißen Habutai-Seidenschal (5 mm)
Klare, grüne und blaue Gutta
Seidenmalfarben in Gelb, Altgold, Grün, Türkis, Hellblau
Einen Zerstäuber

4 *Für den Schal mit dem Fischmuster befestigen Sie den Seidenstoff mit Spannadeln auf dem Rahmen. Sprühen Sie mit einem Zerstäuber zarte grüne, hellblaue und türkisfarbene Streifen auf den Stoff. Es macht nichts aus, wenn die Farbe etwas spritzt – das verstärkt den Unterwassereffekt. Lassen Sie das Ganze trocknen. Dann zeichnen Sie mit klarer Gutta über den Stoff verstreut die Umrisse der Fische. Malen Sie außerdem noch mit blauer und grüner Gutta Wellenlinien auf die Seide und tupfen sie jedem Fisch ein Auge auf. Malen Sie die Motive aus und fixieren Sie die Seidenmalfarben.*

▲ *Fische, Seesterne und Muscheln zaubern eine Unterwasserwelt auf Ihre Seidenschals.*

Einfache Schals

Sie brauchen:
SCHAL IN WACHSTECHNIK:
Einen 55 x 55 cm großen gelben Habutai-Seidenschal (8 mm)
Seidenmalfarbe in Dunkelgrau
Spannrahmen
Spannadeln
Watte
Wäscheklammern
Batikwachs
Eine kleine hitzebeständige Schüssel
Einen alten Topf
Einen alten Pinsel
Zeitungspapier

SCHAL IN KNÜLLTECHNIK:
61 x 150 cm weiße Habutai-Seide (8 mm)
Seidenmalfarben in Ocker, dunklem Ocker, Orangerot, Sand, Pastellgelb, Rauchblau
Pipetten
Plastiktuch
Nähfaden

▶ *Wachs-, Knüll- und Sprühtechnik lassen zarte Muster auf Seidenschals entstehen.*

SCHAL IN SPRÜHTECHNIK:
Einen 90 x 90 cm großen weißen Habutai-Seidenschal (8 mm)
Seidenmalfarben in Rotbraun, Zitronengelb, Gelborange, Hellgrün, Orange
Dünnen Karton
Zerstäuber
Zeitungspapier

1 Für den Schal in Wachstechnik befestigen Sie den Seidenstoff mit Spannadeln auf dem Rahmen und bearbeiten die Seide entsprechend der Wachstechnik von Seite 15. Reiben Sie die dunkelgraue Seidenmalfarbe in die Risse ein, die im Wachs entstanden sind. Entfernen Sie das Wachs wie unter Punkt 4 auf Seite 15 beschrieben. Waschen Sie den Schal in warmem Wasser mit etwas Waschpulver, um letzte Wachsreste zu beseitigen.

2 Für den Schal in Knülltechnik waschen Sie zuerst den Seidenstoff, um die Appretur zu entfernen. Drücken Sie die Seide vorsichtig aus, um überschüssiges Wasser zu entfernen. Breiten Sie eine große Plastikfolie auf einer glatten Arbeitsfläche aus und legen Sie die nasse Seide darauf. Knüllen Sie den Seidenstoff mit den Händen zusammen. Wischen Sie das Wasser vom Plastiktuch.

3 Tragen Sie eine Farbe nach der anderen auf, indem Sie mit einer Pipette über den Stoff verstreut Farbkleckse verteilen. Benutzen Sie für jede Seidenmalfarbe eine neue Pipette. Lassen Sie die Farben ineinanderfließen. Achten Sie darauf, daß nirgendwo ein weißer Fleck übrigbleibt. Lassen Sie den Stoff trocknen, bevor Sie die Plastikfolie entfernen. Fixieren Sie die Seidenmalfarben. Säumen Sie den Schal per Hand schmal ein.

4 Für den Schal mit der Sprühtechnik legen Sie den gebügelten Seidenstoff auf eine glatte Arbeitsfläche, die Sie vorher mit Zeitungspapier abgedeckt haben. Sprühen Sie etwas rotbraune Farbe auf den Stoff. Schneiden Sie Sterne, Kreise, Dreiecke und Halbmonde aus Karton aus (Motive finden Sie auf Seite 98). Schneiden Sie außerdem aus einem quadratischen Stück Karton einen kleineren Stern aus. Legen Sie die Schablonen ganz verstreut auf den Stoff und sprühen Sie erneut rotbraune Farbe darauf. Nach dem Trocknen ordnen Sie die Schablonen neu an und sprühen Sie zitronengelbe und gelbe Seidenmalfarbe auf die Seide. Wiederholen Sie diesen Vorgang mit Hellgrün. Lassen Sie alles trocknen. Zuletzt legen Sie den Karton mit dem kleineren Stern auf den Schal und besprühen ihn mit Orange.

1

2
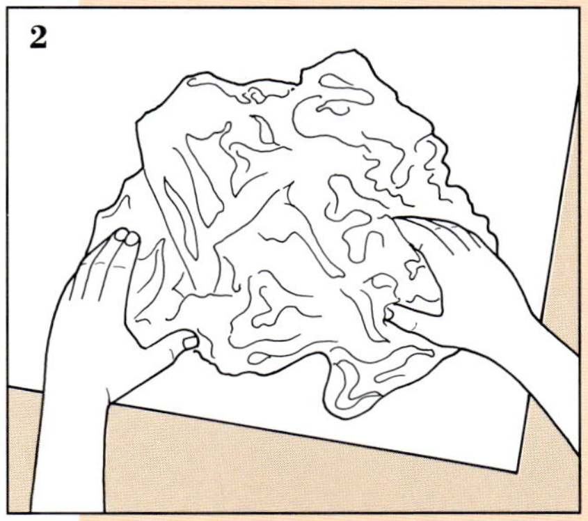

3
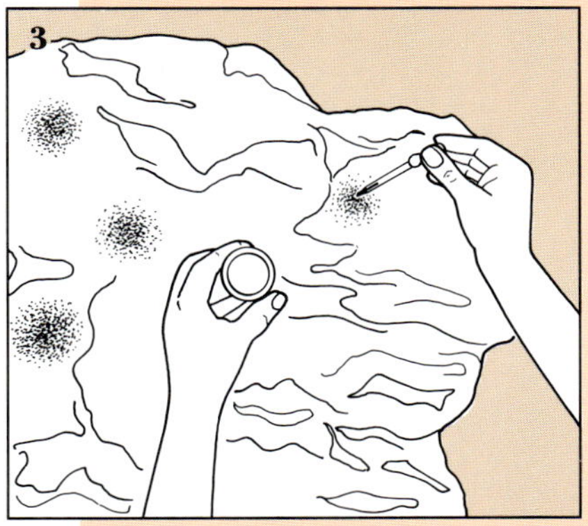

4
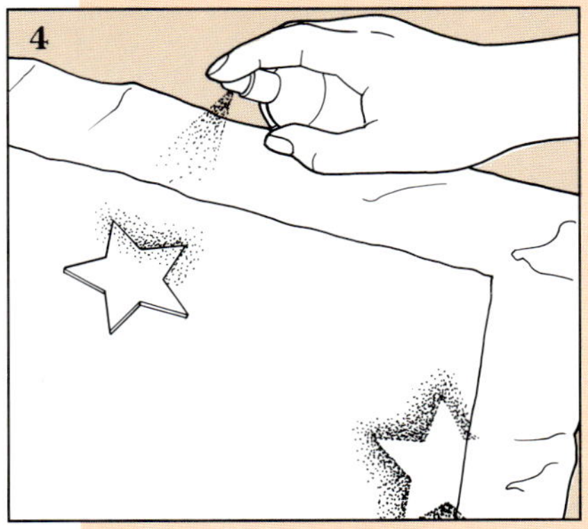

Accessoires

Peppen Sie Ihr Outfit mit tollen Accessoires aus Seide auf. Fertigen Sie schicken Modeschmuck – kunstvolle Armreifen oder klassische Broschen. Verschönern Sie Ihr Lieblingsshirt mit tollen (Manschetten-)Knöpfen, oder binden Sie sich eine selbstentworfene Krawatte um.

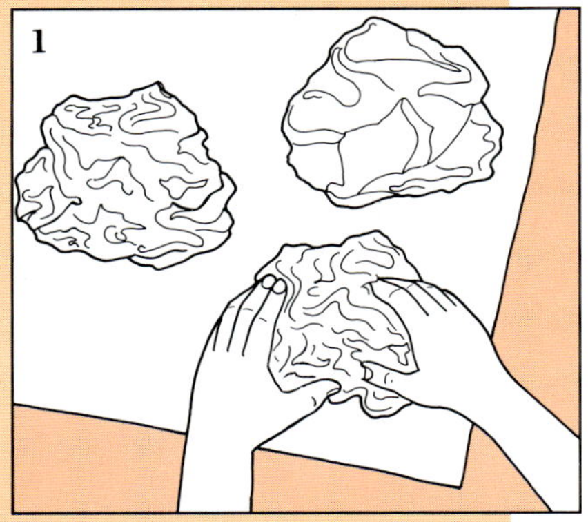

1 *Waschen Sie die Taschentücher, um die Appretur zu entfernen und drücken Sie vorsichtig das überschüssige Wasser heraus. Breiten Sie eine große Plastikfolie auf einer glatten Arbeitsfläche aus. Legen Sie die nassen Taschentücher darauf und knüllen Sie diese mit den Händen zusammen. Verfahren Sie mit den restlichen Taschentüchern ebenso. Wischen Sie das Wasser von der Plastikfolie.*

Sie brauchen:
TASCHENTÜCHER IN KNÜLLTECHNIK:
Cremefarbene, gelbe, weiße und hellblaue Taschentücher aus Schappeseide
Seidenmalfarben in Zitronengelb, Maisgelb, Gelborange, Dunkelorange, Zinnoberrot, Karminrot
Pipetten
Plastikfolie

▼ ▶ *Solche Taschentücher können Sie in vielen Farben herstellen.*

Sie brauchen:

TASCHENTÜCHER IN WACHS-TECHNIK:

Cremefarbene, weiße und orangefarbene Taschentücher aus Habutai- oder Schappeseide
Einen kleinen Spannrahmen
Seidenmalfarben in Khaki, Dunkelgrau, Rot
Spannadeln
Batikwachs
Eine kleine hitzebeständige Schüssel
Einen alten Topf
Einen alten Pinsel
Watte
Wäscheklammern
Zeitungspapier

1 *Die Wachstechnik-Taschentücher müssen einzeln angefertigt werden, während man bei der Knülltechnik einige Taschentücher gleichzeitig herstellen kann. Für die Wachstechnik befestigen Sie ein Taschentuch mit Spannadeln auf einem kleinen Rahmen. Arbeiten Sie die Wachstechnik wie auf Seite 15 beschrieben. Tragen Sie geschmolzenes Wachs auf den Stoff auf und lassen Sie es fest werden. Nehmen Sie das Taschentuch vom Rahmen und zerknüllen Sie es mit den Händen.*

2 Befestigen Sie das Taschentuch wieder auf dem Rahmen und reiben Sie die Seidenmalfarbe mit einem Wattebausch, den Sie mit einer Wäscheklammer halten, in die entstandenen Risse ein. Nehmen Sie khakifarbene oder dunkelgrüne Seidenmalfarbe für die weißen und cremefarbenen Taschentücher sowie rote Farbe für die weißen Taschentücher. Entfernen Sie das Wachs wie unter Punkt 4 auf Seite 15 beschrieben. Waschen Sie die Taschentücher in warmem Wasser mit etwas Waschpulver, um Wachsspuren zu entfernen.

2 *Verteilen Sie die Farbkleckse auf den zusammengeknüllten Taschentüchern. Benutzen Sie für jede Farbe eine neue Pipette. Lassen Sie die Farben ineinanderfließen und lassen Sie an einigen Stellen die Stoffarbe durchschimmern. Verwenden Sie auf den blauen und weißen Taschentüchern gelbe und gelborange Seidenmalfarbe, auf den gelben und weißen Taschentüchern maisgelbe, dunkelorange, zinnoberrote und karminrote Farbe. Lassen Sie die Farben trocknen. Fixieren Sie die Farben.*

2

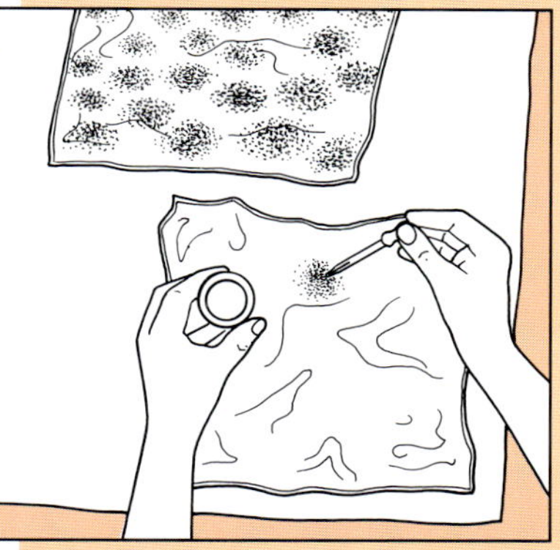

1

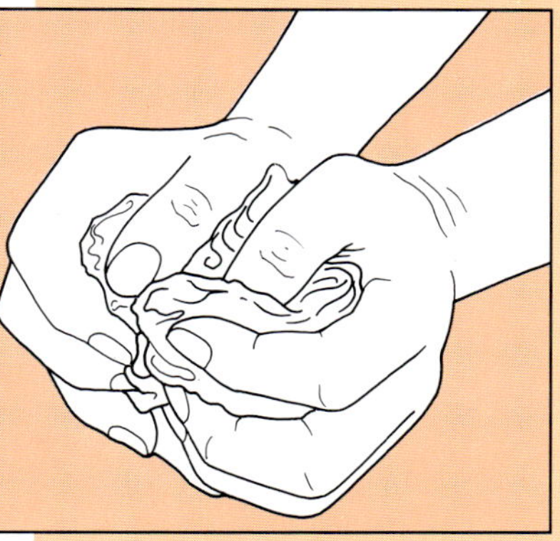

2

Accessoires

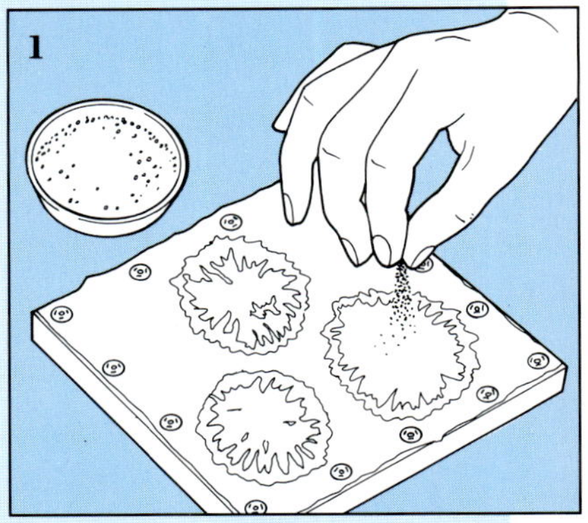

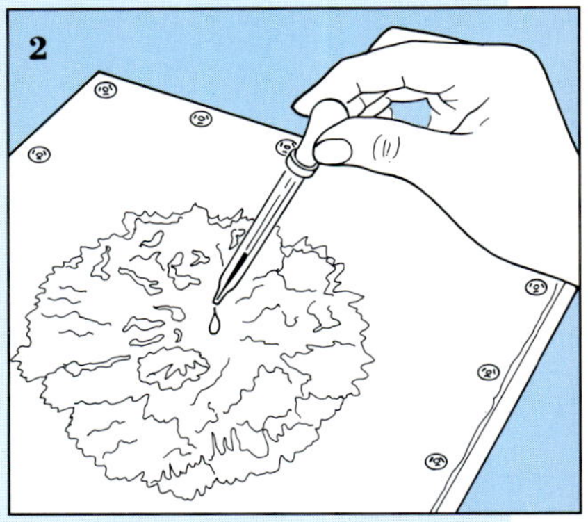

1 *Für den blauen und türkisfarbenen Anhänger befestigen Sie ein Stück weiße Seide mit Dreizackstiften auf dem Spannrahmen. Setzen Sie für jede Brosche einen Farbtupfer auf den Stoff. Streuen Sie Salz auf die Seide, bevor die Farbe trocken ist. Lassen Sie alles trocknen, bürsten Sie das Salz vom Stoff und fixieren Sie die Farbe wie unter Punkt 6 auf Seite 10 beschrieben. Waschen Sie den Stoff, um das restliche Salz zu entfernen. Wenn die Seide trocken ist, verstärken Sie den Stoff mit einer Einlage (vgl. Seite 16). Beziehen Sie den Rohling mit der bemalten Seide nach den Angaben des Herstellers. Verfahren Sie mit der pinkfarbenen Seide auf gleiche Weise.*

2 *Die runden und ovalen Broschen mit den dunkelroten und gelben Mustern arbeiten Sie wie folgt: Spannen Sie ein Stück Seide auf den Rahmen. Tropfen Sie kleine gelbe, violettfarbene, türkisgrüne, türkis- und lachsfarbene Punkte auf den Stoff. Verwenden Sie für jede Farbe eine andere Pipette. Setzen Sie die Tupfen dicht nebeneinander, so daß die Farben ineinanderfließen.*

Streuen Sie Meersalz auf den Stoff, solange die Farben noch naß sind. Fixieren Sie die Farben, waschen Sie die Seide und verstärken Sie diese mit einer Einlage (vgl. Seite 16). Legen Sie die Silberrahmen auf den Stoff und schieben Sie diese so lange hin und her, bis Sie die schönsten Musterstellen gefunden haben. Beziehen Sie die Broschenrohlinge nach den Angaben des Herstellers.

▲ *Kleine Seidenanhänger sind wunderschöne Schmuckstücke. Dieser Stoff wurde nach der Trockensalztechnik gefertigt.*

Sie brauchen:

Weiße und pinkfarbene Habutai-Seide (8 mm)
Salzlösung und trockenes Salz
Seidenmalfarben in Türkisgrün, Türkis, Hellblau, Violett, Dunkelrot, Lachsrosa, Himbeerrot, Gelb, Schwarz
Spannrahmen
Dreizackstifte
Pinsel
Versilberte Rohlinge für Anhänger und Broschen
Aufbügelbare Einlage

▲ Beziehen Sie die versilberten Rohlinge mit dem fertigen Seidenstoff. Die hier abgebildeten Stoffe wurden bemalt, nachdem die Seide in eine Salzlösung getaucht worden war.

3 Bereiten Sie den Seidenstoff für die anderen Schmuckstücke vor, indem Sie zwei Stücke weißer Habutai-Seide in einer Salzlösung einweichen (vgl. Seite 12). Lassen Sie den Stoff trocknen. Befestigen Sie das erste Stoffteil mit Dreizackstiften auf dem Rahmen. Für den kleinen blauen Anhänger und für die pinkfarbene Brosche mit der Schneeflocke tauchen Sie einen kleinen Pinsel in die Farbe ein und tupfen einen Klecks auf das vorbehandelte Gewebe. Der Klecks wird sich schnell ausbreiten und einer Schneeflocke ähnlich sehen. Tupfen Sie sechs weitere Kleckse rund um den ersten. Fixieren Sie die Farben.

3

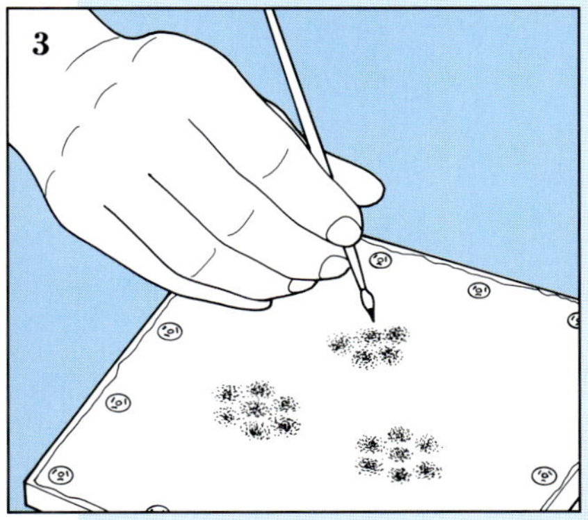

4

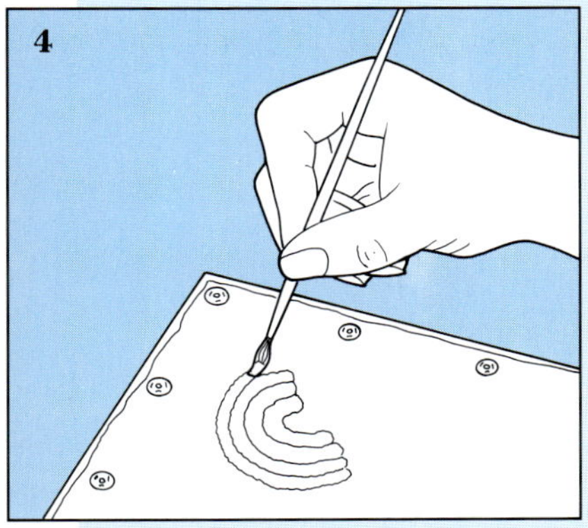

4 Spannen Sie das zweite Stoffteil auf den Rahmen. Für den gestreiften Anhänger sowie die Brosche tauchen Sie einen kleinen Pinsel in die Seidenmalfarbe und zeichnen gerade oder gebogene Streifen auf den Stoff. Malen Sie alle Streifen nebeneinander. Für die letzten beiden Broschen setzen Sie drei Farbtupfer dicht nebeneinander. Dann tauchen Sie den Pinsel in die Farbe und drücken ihn auf die Seide. Wiederholen Sie das Ganze, bis es ein strahlenförmiges Muster ergibt. Fixieren Sie die Farben.

Sie brauchen:
Große Stücke weiße Habutai-Seide (8 mm), etwa 90 x 90 cm
Einen großen Spannrahmen
Klare und kupferfarbene Gutta
Plastikfläschchen mit 0,5-mm-Aufsatzdüse
Seidenmalfarben in Gelb, Tomatenrot, Grasgrün, Blaugrün, Hellblau
Pinsel oder Wattestäbchen
Eine scharfe Schere
Textilkleber
Plastikfolie
Einen alten Pinsel
Eine Untertasse oder einen flachen Teller

ARMREIFE:
Plastikarmreife in unterschiedlichen Größen

KETTEN:
Stricknadeln
Vaseline
Holz-, Glas- und Metallperlen
Schmale Lederbänder

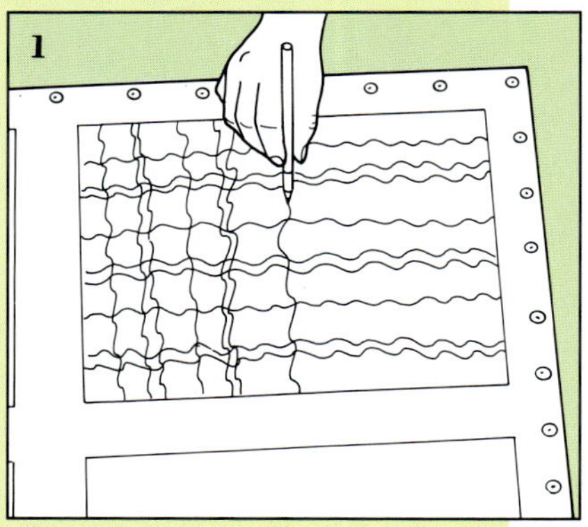

1 *Spannen Sie die Seide mit Dreizackstiften auf den Rahmen. Zeichnen Sie mit dem Phantomstift ein geometrisches Muster auf den Seidenstoff auf. Sie können die hier abgebildeten Fotos zu Hilfe nehmen – oder auch ganz eigene Muster entwerfen.*

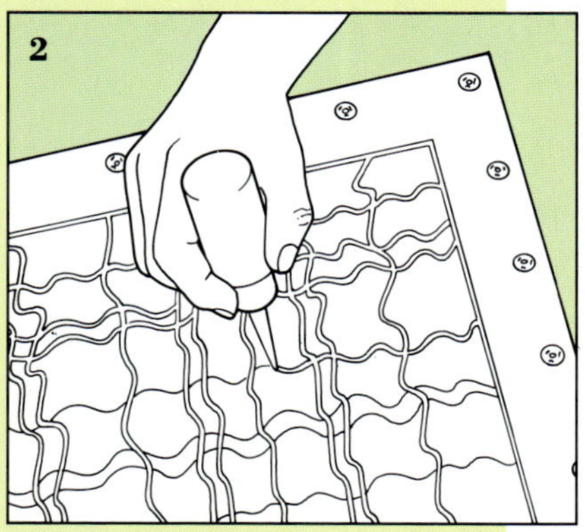

2 *Arbeiten Sie nach der Seidenmaltechnik von Seite 10 - 11 und zeichnen Sie die Konturen mit klarer oder kupferfarbener Gutta auf. Sie können auch die beiden Konturenmittel kombinieren. Lassen Sie alles gründlich trocknen.*

▶ *Verwenden Sie die Muster auf den Fotos als Vorlagen – oder verwirklichen Sie Ihre eigenen Ideen!*

▲ Aus bemalter Seide läßt sich sehr schöner Schmuck herstellen, der wunderbar mit Holz-, Metall- oder Glasperlen kombiniert werden kann.

3 *Tragen Sie die Farben mit einem Pinsel oder einem Wattestäbchen auf. Lassen Sie jede Farbe vollständig trocknen, bevor Sie mit der nächsten zu malen beginnen. Fixieren Sie die Seidenmalfarben wie unter Punkt 6 auf Seite 10 beschrieben. Schneiden Sie die Seide mit einer scharfen Schere in 1,5 bis 5 cm breite und etwa 30 cm lange Streifen. Lassen Sie einige Streifen am einen Ende spitz zulaufen. Schneiden Sie manche Streifen quer, andere der Länge nach aus dem Stoff.*

4 *Legen Sie die Plastikfolie auf eine glatte Arbeitsfläche. Geben Sie etwas Textilkleber in eine Untertasse und verdünnen Sie diesen eventuell mit etwas Wasser. Legen Sie einige Stoffstreifen auf die Plastikfolie und pinseln Sie diese komplett mit dem Textilkleber ein. Verwenden Sie dazu einen alten Pinsel.*

5 *Um die Armreife zu umwickeln, nehmen Sie einen Streifen und wickeln ihn um den Plastikreif; dabei sollen sich die einzelnen Schichten etwas überlappen. Wenn der erste Streifen aufgebraucht ist, machen Sie mit dem nächsten weiter, bis der Armreif ganz mit Seide umwickelt ist. Dann streichen Sie den Armreif mit Textilkleber ein und lassen das Ganze auf der Plastikfolie liegen, bis es trocken ist.*

6 *Um die Perlen herzustellen, fetten Sie eine Stricknadel mit Vaseline ein. Wickeln Sie einen Seidenstreifen, den Sie vorher mit Textilkleber bestrichen haben, fest um die Stricknadel. Schieben Sie die Seidenperle von der Nadel und lassen Sie sie auf der Plastikfolie trocknen. Wiederholen Sie den Vorgang, bis Sie Perlen von jedem bemalten Seidenstoff gefertigt haben. Die spitz zulaufenden Streifen beginnen Sie vom breiten Ende ausgehend aufzuwickeln. Fädeln Sie die fertigen Perlen auf ein Lederband auf. Dabei trennen Sie die Seidenperlen voneinander durch Holz-, Glas- oder Metallperlen. Verknoten Sie die Enden des Lederbandes. Alternativ können Sie das Ganze auf eine spezielle Perlenschnur auffädeln.*

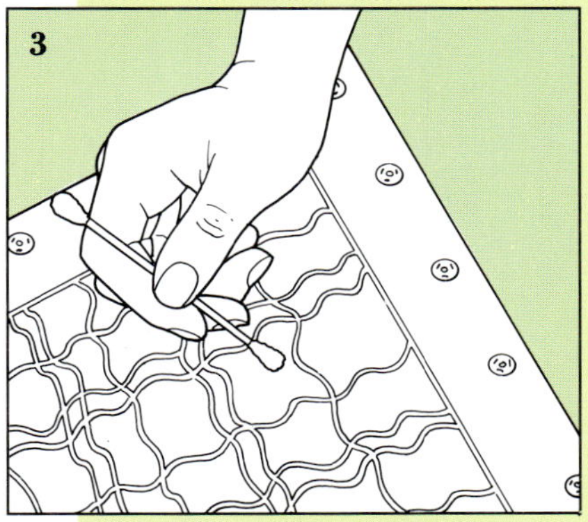

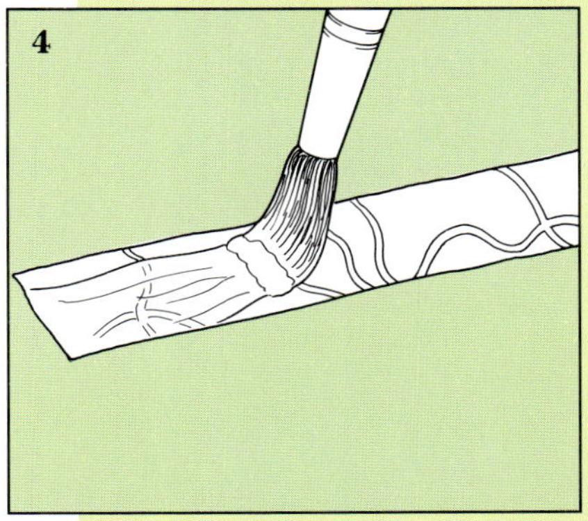

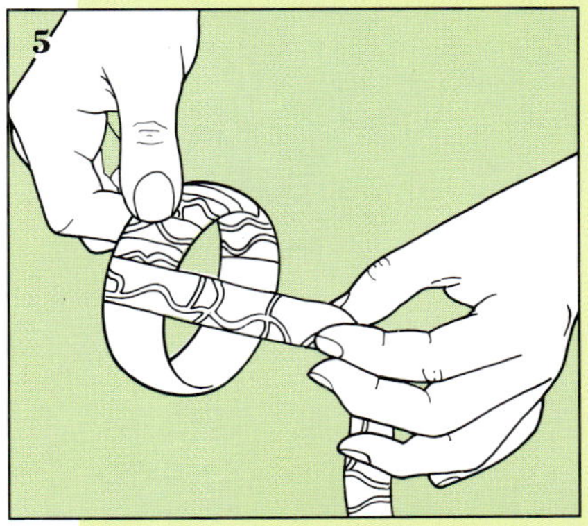

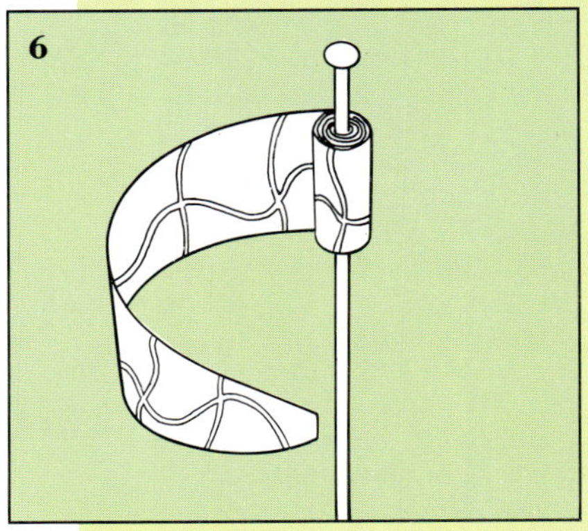

Accessoires

Sie brauchen:
Eine Plastikfolie und Pipetten

BLAU-GELBE KRAWATTE:
Eine weiße Krawatte aus Seidenjacquard
Seidenmalfarben in Gelborange, Hellblau und Silbergrau

GELB-GRAUE KRAWATTE:
Eine weiße Krawatte aus Twill
Goldfarbene Gutta
Plastikfläschchen mit 0,5-mm-Aufsatzdüse
Seidenmalfarben in Gelb und Silbergrau
Silberfarbene Stoffmalfarbe

KRAWATTE MIT SILBRIGEN SPIRALEN:
Eine weiße Krawatte aus Habutai-Seide
Silberfarbene Gutta
Plastikfläschchen mit 0,5-mm-Aufsatzdüse
Seidenmalfarben in Gelborange, Orange, Graublau

FLIEGEN:
Fliegen aus Habutai-Seide
Seidenmalfarben in Hellblau und dunklem Türkis

1

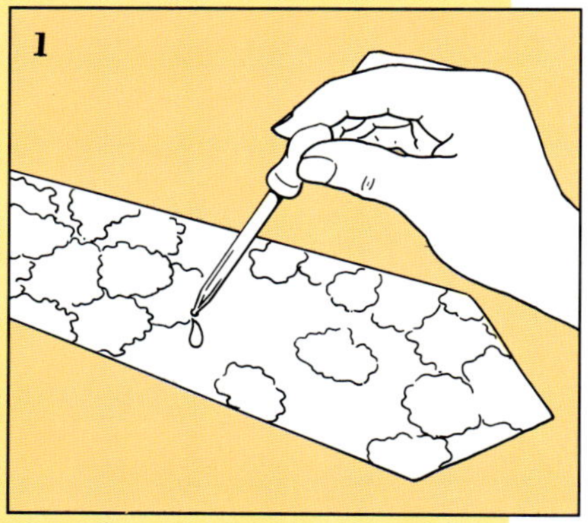

1 *Für die blau-gelbe Krawatte breiten Sie zuerst die Plastikfolie auf Ihrer Arbeitsfläche aus. Darauf legen Sie die Krawatte mit der rechten Seite nach oben. Verwenden Sie eine Pipette für jede Farbe. Tupfen Sie gelborange, hellblaue und silbergraue Seidenmalfarbe auf die Krawatte. Lassen Sie die Farben ineinanderfließen. Es soll keine weiße Stelle übrigbleiben. Lassen Sie das Ganze trocknen; fixieren Sie anschließend die Farben wie unter Punkt 6 auf Seite 10 beschrieben.*

▶ *Krawatten und Fliegen sind aus vielerlei Seidenstoffen erhältlich. Die hier abgebildeten Krawatten wurden mit kräftigen Farbklecksen verziert.*

2 *Das gelb-graue Muster arbeiten Sie wie bereits unter Punkt 1 beschrieben. Beginnen Sie damit, daß Sie auf der Krawatte gelbe Tupfen verteilen. Lassen Sie diese 5 Minuten trocknen. Dann erst setzen Sie silbergraue Tupfen zwischen die gelben – solange, bis nirgendwo mehr ein weißer Fleck zu sehen ist. Pinseln Sie mit silbriger Stoffmalfarbe Punkte in die Mitte der gelben Flächen und lassen Sie diese trocknen. Ziehen Sie mit der goldfarbenen Gutta Schnörkellinien über die Krawatte und setzen Sie ein goldenes Pünktchen auf jeden silbrigen Tupfen. Lassen Sie das Ganze trocknen. Fixieren Sie zuletzt die Farben.*

2

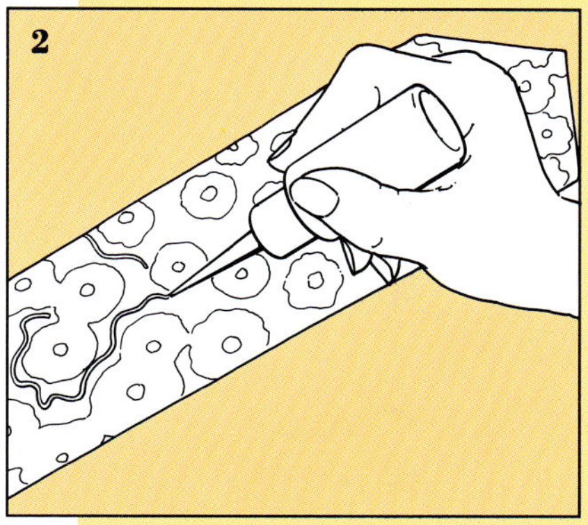

3 *Für die Krawatte mit den silbernen Spiralen setzen Sie gelbe und orangefarbene Tupfen auf die Krawatte. Lassen Sie die Farben trocknen. Füllen Sie die restlichen freien Flächen mit blaugrauer Seidenmalfarbe aus. Lassen Sie auch diese trocknen. Mit silberfarbener Gutta malen Sie dann in die Mitte eines jeden orangefarbenen Tupfens eine Spirale. Lassen Sie alles trocknen und fixieren Sie die Farben.*

3

4 *Legen Sie die Fliegen auf eine Plastikfolie. Tropfen Sie mit Hellblau und Dunkeltürkis Tupfen auf die Fliegen, so daß die Farben ineinanderfließen. Lassen Sie das Ganze trocknen und fixieren Sie die Farben.*

4

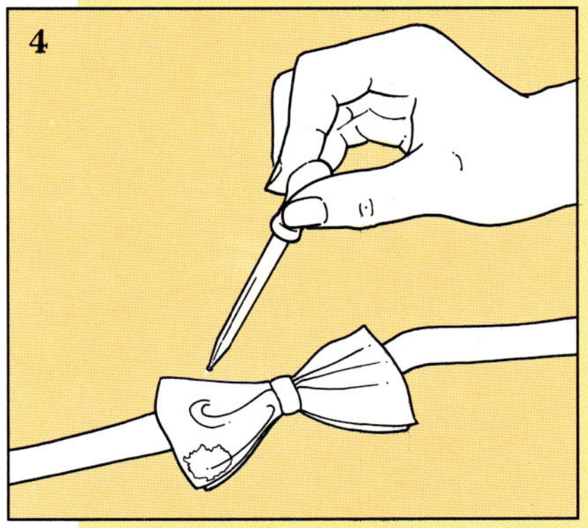

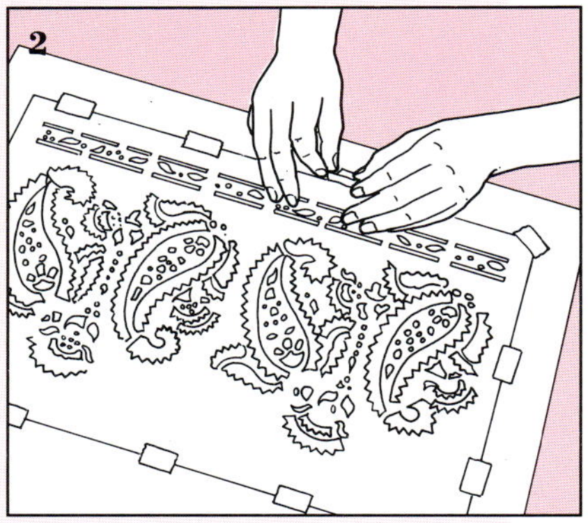

1 *Pausen Sie das Paisleymuster von Seite 98 ab, vergrößern Sie es und übertragen Sie es auf den Karton. Legen Sie den Karton auf eine Schneidbrett und schneiden Sie die Schablone aus.*

2 *Legen Sie die Plastikfolie auf eine glatte Arbeitsfläche. Befestigen Sie das eine Ende des Tuches mit Klebeband auf der Folie. Legen Sie die Schablone 8 cm von der Kante entfernt auf den Stoff und befestigen Sie die Schablone mit Klebeband.*

▶ *Dieses elegante Tuch mit dem dazu passenden Beutel sind ideale Accessoires, wenn Sie abends schick ausgehen wollen.*

Sie brauchen:

Für das Tuch: 55 cm x 2 m terracottafarbene Waschseide
Für den Beutel: zwei 22 x 30 cm große Seidenstoffe aus dem gleichen Material
Undurchsichtige, goldfarbene Stoffmalfarbe
Kleine Stücke eines Naturschwamms
Einen Unterteller oder einen flachen Teller
Einen 38 x 51 cm großen Schablonenkarton
Messer und Schneidbrett
Plastikfolie
Klebeband
Eine 120 cm lange Goldkordel
4 goldfarbene, 8 cm lange Quasten
Passende Nähseide

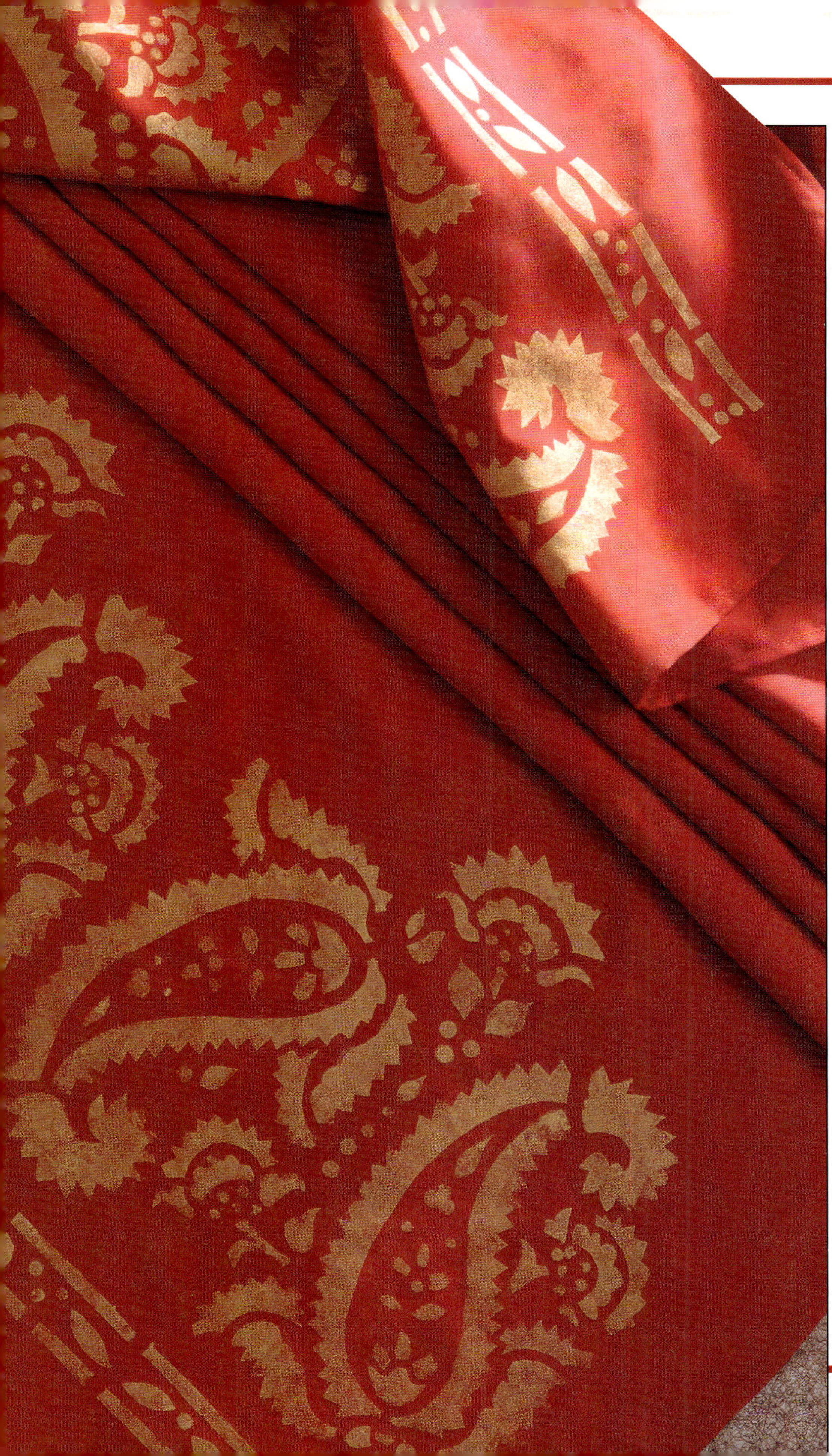

3 Geben Sie etwas Stoffmalfarbe auf den Unterteller. Tauchen Sie den Schwamm in die Farbe und tragen Sie diese mit tupfenden Bewegungen auf die Schablone auf. Achten Sie darauf, daß Sie den Schwamm nicht zu sehr mit Farbe tränken. Entfernen Sie die Schablone und lassen Sie die Farbe trocknen. Wiederholen Sie das Ganze am anderen Ende des Tuches. Lassen Sie alles trocknen und fixieren Sie die Farbe.

3

4 Legen Sie die Schablone auf die zwei Stoffteile des Beutels; der untere Rand des Motivs soll etwa 4 cm von der Stoffkante entfernt sein. Decken Sie jetzt aber das Paisleymuster mit einem Stück Papier ab. Es soll nur die schmale Bordüre zu sehen sein. Tragen Sie die Farbe auf die Schablone auf. Lassen Sie das Ganze trocknen und fixieren Sie die Farben.

4

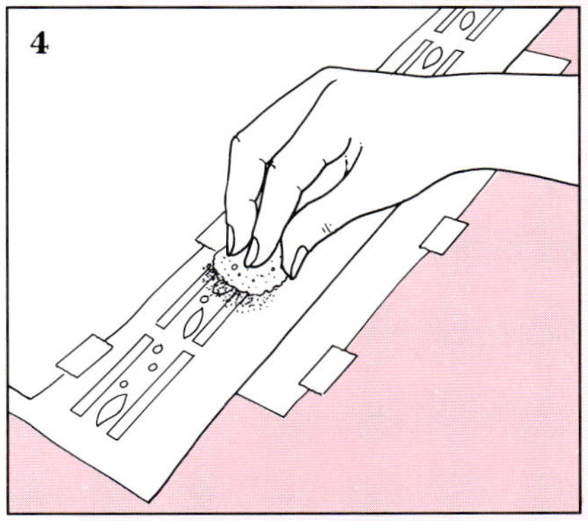

5 Säumen Sie das Tuch schmal ein; verwenden sie dazu eine passende Nähseide. Legen Sie die beiden Teile des Beutels rechts auf rechts aufeinander. Nähen Sie drei Seiten zusammen; lassen Sie dabei 11 cm von der oberen Stoffkante entfernt einen schmalen Zwischenraum frei. Drehen Sie die Stoffteile auf die rechte Seite; schlagen Sie den Stoff 6,5 cm ein. Nähen Sie 4 bzw. 5 cm von der Kante entfernt einen schmalen Tunnelzug in den Beutel – entsprechend der Lücke, die Sie beim Zusammennähen gelassen haben. Schneiden Sie die Kordel in der Mitte durch und ziehen Sie diese durch den Tunnelzug. Verknoten Sie die Enden miteinander; die Schlaufe soll auf einer Seite des Beutels herausschauen.

5

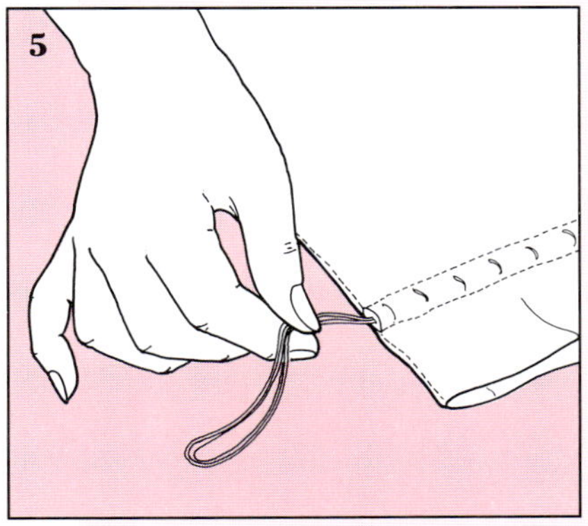

6 Schneiden Sie zwei der Quastenschlaufen auf etwa 1 cm zurück und nähen Sie jeweils eine Quaste mit Nähseide an die unteren Ecken des Beutels. Zuletzt verknoten Sie die beiden restlichen Quasten mit den Kordelenden, die aus dem Beutel herausschauen. Ziehen Sie die Schlaufen zusammen und verschließen Sie so den Beutel.

6

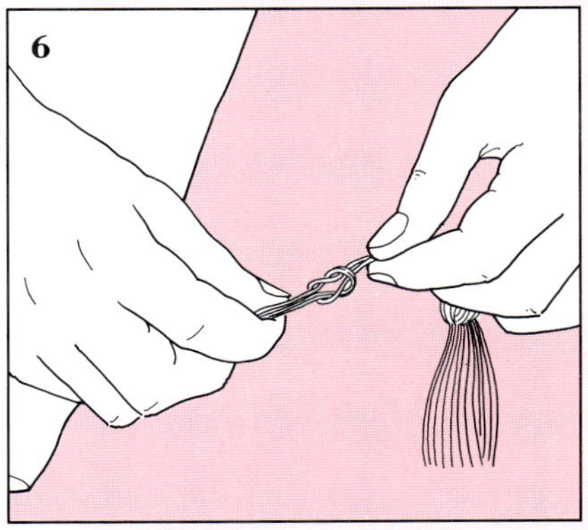

Accessoires

1 *Diese Muster können sie gleich mehrfach auf dasselbe Stück Stoff aufmalen – lassen Sie lediglich einen Abstand von etwa 2,5 cm zwischen den einzelnen Motiven. Entfernen Sie das rückwärtige Teil eines der Knopfrohlinge. Legen Sie dieses auf den Stoff und ziehen Sie die Konturen mit einem weichen Stift nach. Wiederholen Sie diese Prozedur, bis Sie die benötigte Anzahl von Kreisen für Ihre (Manschetten-)Knöpfe aufgezeichnet haben. Denken Sie daran, daß Sie jeweils 4 Kreise für jedes Manschettenpaar brauchen.*

2 *Befestigen Sie die Seide mit Dreizackstiften auf dem Spannrahmen. Benutzen Sie die Fotos als Farbvorlage und arbeiten Sie nach der Seidenmaltechnik von Seite 10 - 11. Zeichnen Sie die Muster freihändig mit der richtigen Guttafarbe auf die Seide. Denken Sie daran, daß Sie das Konturenmittel etwa 1 cm außerhalb der aufgezeichneten Linie kreisförmig auftragen, damit die Seidenmalfarben nicht allzusehr verlaufen. Lassen Sie die Gutta vollständig trocknen.*

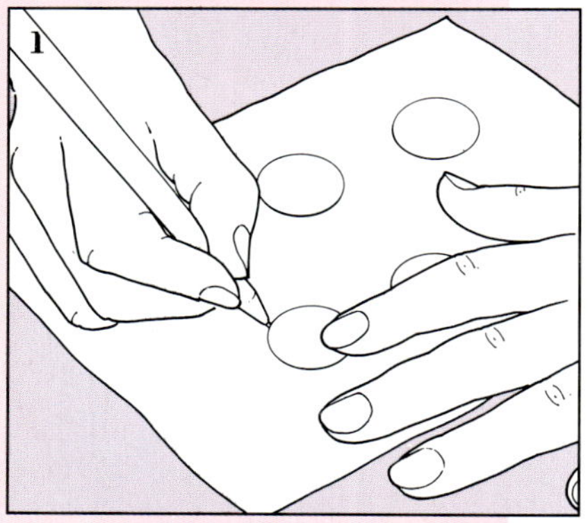

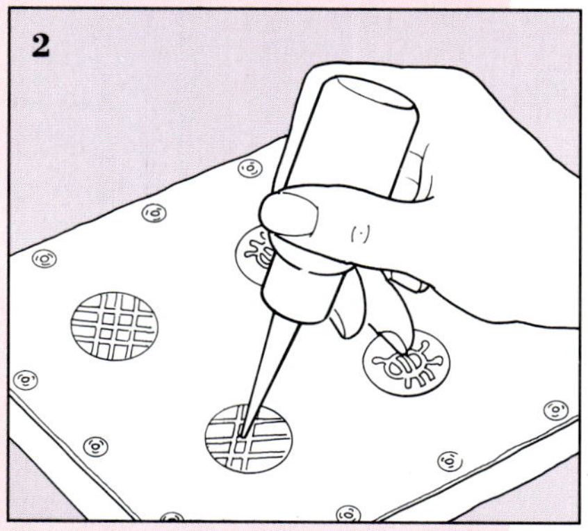

▶ *Verwenden Sie Stoffreste, um diese (Manschetten-)Knöpfe herzustellen. Ein ausgefallenes Geschenk sind sechs Knöpfe, die Sie auf einem Stück Karton befestigt überreichen.*

Sie brauchen:
Weiße Habutai-Seide (8 mm)
Einen kleinen Spannrahmen
Plastikfläschchen mit 0,5-mm-Aufsatzdüse
Einen kleinen Pinsel
Dünne, aufbügelbare Einlage

KNÖPFE MIT KÄFERN:
6 Knopfrohlinge (29 mm) mit Messingfassung
Klare Gutta
Seidenmalfarben in Grün, Türkis, Dunkelrot

MANSCHETTENKNÖPFE MIT SCHMETTERLINGEN:
4 Knopfrohlinge (19 mm) mit Messingfassung
Pinkfarbene Gutta
Seidenmalfarben in Schwarz und Türkis
Schwarzes und pinkfarbenes, gedrehtes Stickgarn
Sticknadel

KNÖPFE MIT KAROMUSTER:
6 Knopfrohlinge (29 mm) mit Messingfassung
Klare Gutta
Seidenmalfarben in Gelb, Grün, Türkis, dunklem Pink, Lila

MANSCHETTENKNÖPFE MIT STREIFEN:
4 Knopfrohlinge (22 mm) mit Messingfassung
Klare Gutta
Seidenmalfarben in Gelb, Grün, Türkis, dunklem Pink, Lila
Lilafarbenes, gedrehtes Stickgarn
Sticknadel

KNÖPFE MIT GEOMETRISCHEM MUSTER:
6 Knopfrohlinge (29 mm) mit Messingfassung
Klare Gutta
Seidenmalfarben in Grün, Türkis, dunklem Pink, Lila

MANSCHETTENKNÖPFE MIT GEOMETRISCHEM MUSTER:
4 Knopfrohlinge (22 mm) mit Messingfassung
Klare Gutta
Seidenmalfarben in Gelb, Grün, dunklem Pink, Lila
Lilafarbenes, gedrehtes Stickgarn
Sticknadel

3 *Verwenden Sie die Fotos als Farbvorlage. Tragen Sie die Farben mit einem kleinen Pinsel auf und beginnen Sie mit Ihrer Arbeit in der Mitte des Kreises. Lassen Sie jede Farbe trocknen, bevor Sie mit der nächsten fortfahren. Fixieren Sie die Farben wie unter Punkt 6 auf Seite 10 beschrieben.*

3

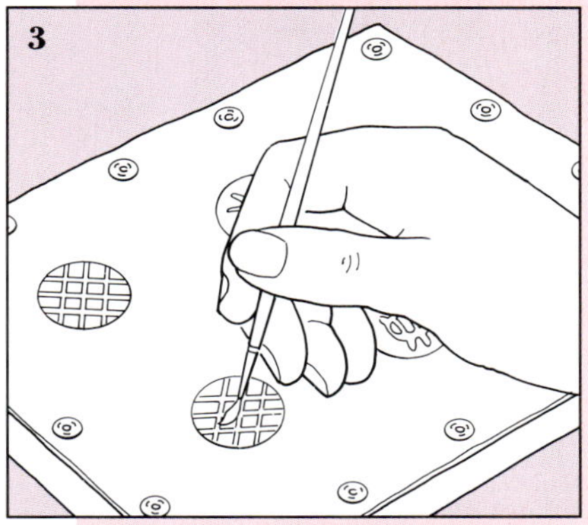

4 *Verstärken Sie die bemalte Seide mit einer Einlage, bevor Sie sie entlang der gezeichneten Linie ausschneiden. Setzen Sie die Knopfrohlinge wie hier abgebildet zusammen.*

4

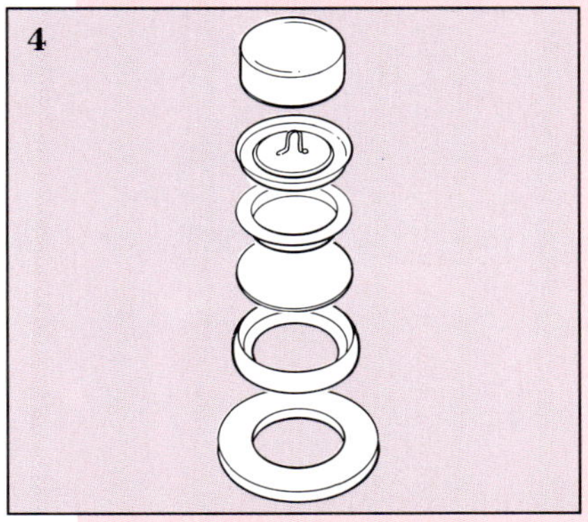

5 *Für die Manschettenknöpfe nehmen Sie gedrehtes Stickgarn, um die beiden Knöpfe miteinander zu verbinden. Fädeln Sie etwa 45 cm von dem Stickgarn auf eine Nadel und verknoten Sie das eine Ende mit der Öse eines Knopfes.*

5

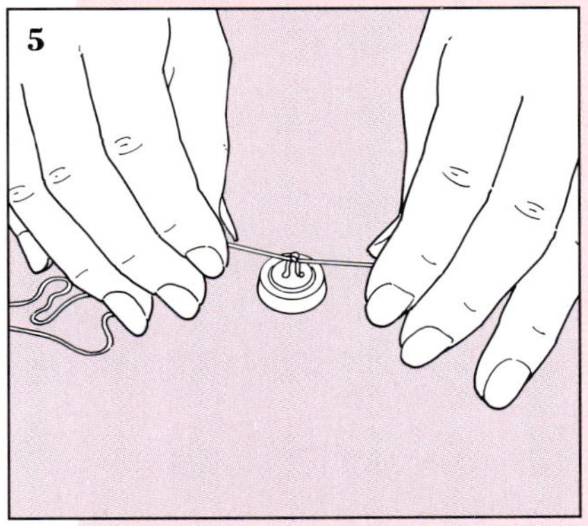

6 *Führen sie das Garn drei- oder viermal durch die Ösen der beiden Knöpfe. Fassen Sie diesen Strang mit Knopflochstichen ein (vgl. Seite 17), bis von den einzelnen Fäden nichts mehr zu sehen ist. Schneiden Sie das Fadenende sorgfältig ab.*

6

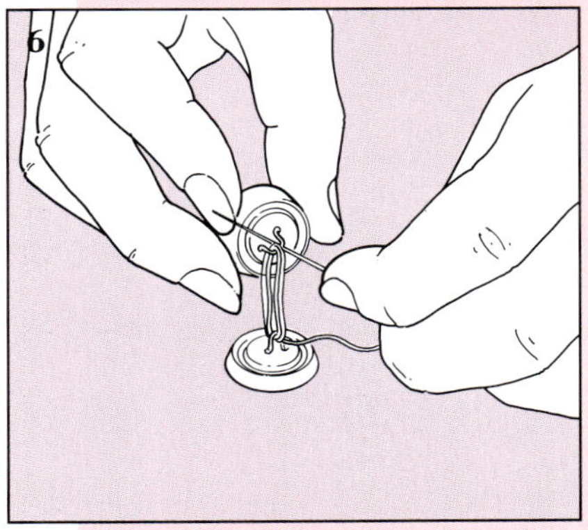

1

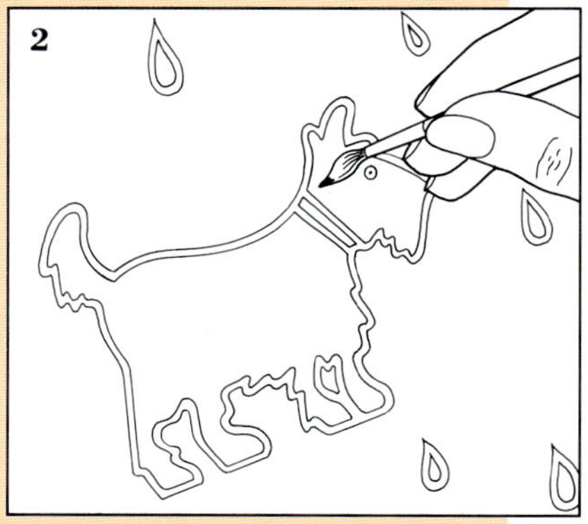
2

1 *Pausen Sie die Katzen- und Hunde-Schablone von Seite 98 ab. Von jedem Motiv brauchen Sie 4 Schablonen. Schneiden Sie die Motive aus und befestigen Sie diese auf der linken Seite des Schirms. Achten Sie darauf, daß sich Hunde- und Katzenmotiv abwechseln. Jedes Motiv sollte sich etwa 10 cm vom unteren Rand des Schirms entfernt befinden. Übertragen Sie die Motive mit dem Phantomstift auf den Stoff. Verteilen Sie nach Belieben Regentropfen auf dem Schirm.*

2 *Zeichnen Sie die Motive mit klarer Gutta auf; arbeiten Sie einen Abschnitt nach dem anderen und lassen Sie jedes Motiv erst vollständig trocknen, bevor Sie mit dem nächsten beginnen. Benutzen Sie die obenstehenden Fotos als Arbeitshilfe. Tragen Sie die Seidenmalfarben mit einem Pinsel auf. Lassen Sie alles trocknen. Legen Sie zum Schluß den Regenschirm auf ein Bügelbrett und fixieren Sie vorsichtig die Farben.*

Sie brauchen:
Einen Seidenschirm
Klare Gutta
Plastikfläschchen mit 0,5-mm-Aufsatzdüse
Seidenmalfarben in Graublau, Schwarz, Karminrot, Gelborange, Hellblau, Türkis
Pinsel
Phantomstift

▶ *Katzen und Hunde wechseln sich auf diesem hübschen Schirm ab, der zusätzlich mit Regentropfen übersät ist. Imprägnieren Sie den fertigen Schirm mit einem wasserabstoßenden Spray.*

▲ *Die Katzen und Hunde auf dem Regenschirm können ohne weiteres auch freihand gezeichnet werden – beide Motive sind aber trotzdem als Vorlagen auf Seite 98 abgebildet.*

Textilien aus Seide

Vom außergewöhnlichen Seidentop bis hin zum Wickelrock für den Strand – Seide kann man überall und zu jeder Tageszeit tragen. Machen Sie aus einem einfachen T-Shirt etwas Besonderes, indem Sie es bemalen. Oder nähen Sie sich gleich ein Seidenshirt und verzieren es mit ausgefallenen Sternen. Alle hier vorgestellten Ideen und Vorschläge können Sie ganz beliebig in Ihre eigenen Seidenkreationen einarbeiten!

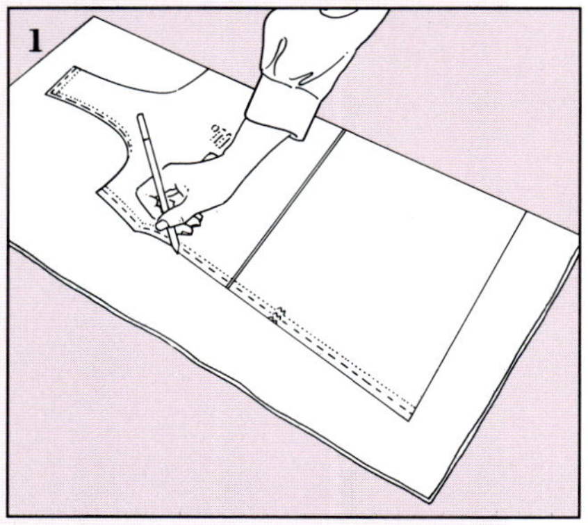

1 *Bügeln Sie die Seide. Schneiden Sie die Schnitteile aus. Legen Sie den Papierschnitt für das Vorderteil auf die Seide und markieren Sie die Umrißlinien mit dem Phantomstift. Markieren Sie ein Rechteck auf dem Stoff, lassen Sie an der Kante des Motivs 5 cm zum Halsausschnitt frei und spannen Sie den Stoff mit Dreizackstiften auf einen Rahmen.*

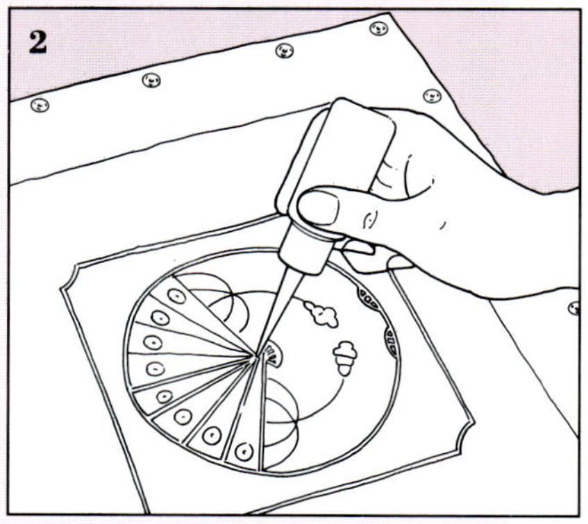

2 *Pausen Sie das Fächermotiv auf Seite 98 ab und übertragen Sie es dreimal auf das Vorderteil. Verwenden Sie nebenstehendes Foto als Arbeitshilfe. Arbeiten Sie nach der Seidenmaltechnik von Seite 10 - 11. Zeichnen Sie die Konturen mit silberfarbener Gutta auf den Stoff und malen Sie das Motiv mit einem feinen Pinsel aus. Lassen Sie das Ganze trocknen und fixieren Sie die Farben wie unter Punkt 6 auf Seite 10 beschrieben. Nähen Sie die Bluse mit passender Nähseide fertig.*

Sie brauchen:
Schnittmuster für eine ärmellose Bluse
Rosafarbene Habutai-Seide (8 mm)
Silberfarbene Gutta
Plastikfläschchen mit 0,5-mm-Aufsatzdüse
Einen großen Spannrahmen
Seidenmalfarben in Altgold, Karminrot, Lila, Pistazie, Hellblau
Pinsel
Passende Nähseide
Phantomstift

▶ *Ein Art-Déco-Fächer ziert ein einfaches Abendtop.*

Textilien aus Seide

Sie brauchen:
Schnittmuster für ein Männerhemd mit Passe und Kragen
Dunkelblaue Bourretteseide
Undurchsichtige, gold- und silberfarbene Stoffmalfarbe
Kleine Stücke eines Naturschwamms
Zwei Untertassen oder flache Teller
Kleine Stücke Schablonenkarton
Messer
Schneidebrett
Schneiderkreide
Passende Nähseide

▶ *Ein klassisches Männerhemd sieht völlig verändert aus, wenn es mit gold- und silberfarbenen Sternen verziert ist.*

1

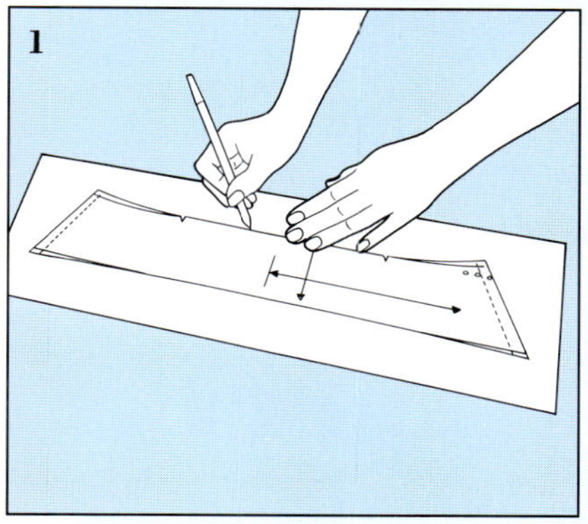

2

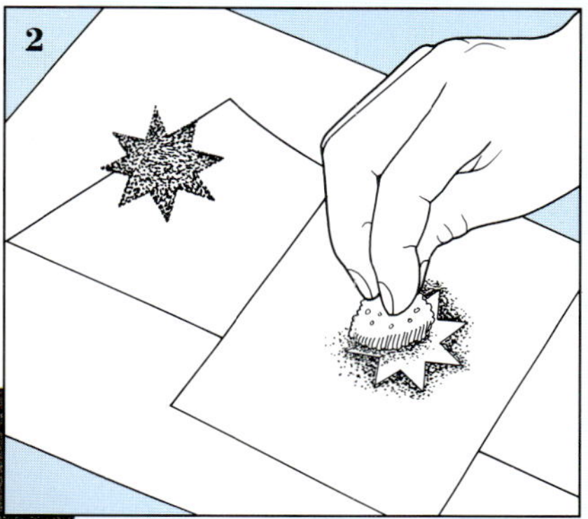

1 Pausen Sie die beiden Sternenschablonen auf Seite 98 ab und übertragen Sie diese auf den Karton. Schneiden Sie die Sterne mit einem scharfen Messer aus. Schneiden Sie den Papierschnitt für das Hemd aus. Legen Sie den Kragen, die Passe, die Blende und die Manschetten auf den Stoff. Lassen Sie zwischen den einzelnen Teilen einen Abstand von 10 cm. Markieren Sie jedes Teil mit der Schneiderkreide; denken Sie daran, die Manschetten zweimal zu markieren. Legen Sie den Stoff auf eine mit Papier abgedeckte Arbeitsfläche.

2 Geben Sie silberfarbene Stoffmalfarbe in eine Untertasse und legen Sie die größere Schablone auf den Stoff. Tauchen Sie den Schwamm in die Farbe und tupfen Sie sie auf. Entfernen Sie die Schablone und lassen Sie den Stern trocknen. Legen Sie die Schablone an einer anderen Stelle auf den Stoff und wiederholen Sie den Vorgang. Lassen Sie aber noch genügend Platz für die kleineren Sterne. Wiederholen Sie das Ganze mit der goldenen Farbe und der kleineren Schablone.

Textilien aus Seide

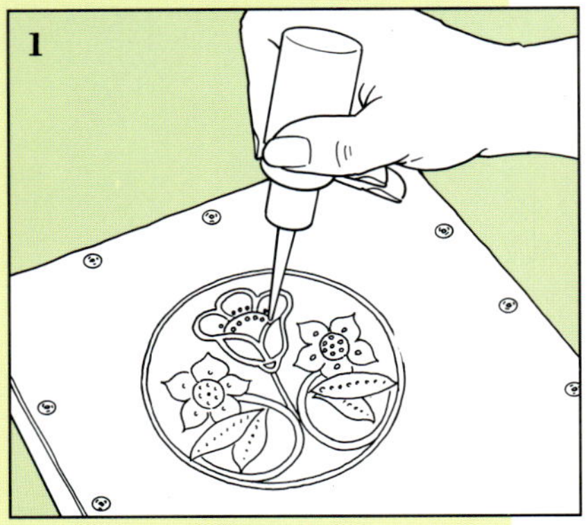

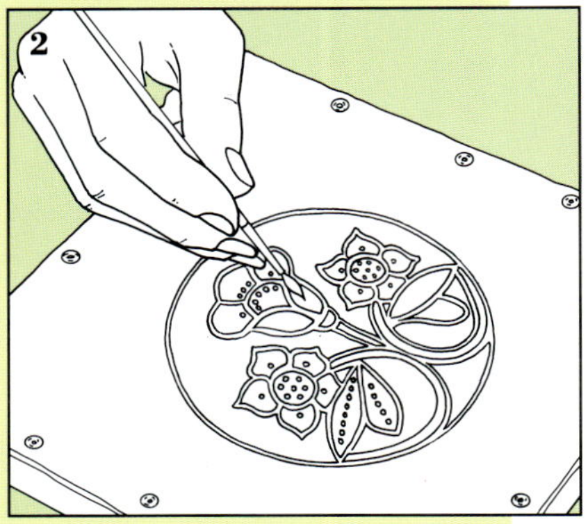

1 *Pausen Sie das Motiv von Seite 99 ab. Übertragen Sie es wie auf Seite 20 beschrieben auf den weißen Seidenstoff. Spannen Sie die Seide mit Dreizackstiften auf den Rahmen. Arbeiten Sie nach der Seidenmaltechnik von Seite 10 - 11 und zeichnen Sie die Konturen mit kupferfarbener Gutta auf. Lassen Sie alles trocknen.*

2 *Verwenden Sie die Fotos als Farbvorlage und malen Sie das Motiv mit einem Pinsel aus. Malen Sie einen schmalen dunkeltürkisfarbenen Streifen um den kupfernen Rand herum. Lassen Sie das Ganze trocknen und fixieren Sie die Farben. Bügeln Sie das Haftvlies auf die »falsche« Seite des Motivs auf und schneiden Sie dieses dann aus. Ziehen Sie das Papier des Haftvlieses ab und legen Sie den Fächer auf das T-Shirt. Bügeln Sie das Motiv entsprechend den Anweisungen des Herstellers auf.*

Sie brauchen:
Ein türkisgrünes T-Shirt aus Seide
Ein kleines Quadrat weiße Habutai-Seide (8 mm)
Kupferfarbene Gutta
Plastikfläschchen mit 0,5-mm-Aufsatzdüse
Einen kleinen Spannrahmen
Dreizackstifte
Seidenmalfarben in Smaragdgrün, Hellblau, Bronze, dunklem Türkis
Einen Pinsel
Aufbügelbares Haftvlies

▶ *Ein Medaillon aus Seide, dessen Motiv an eine Blüte aus der Jugendstil-Zeit erinnert, wurde auf die Vorderseite eines T-Shirts aufgebügelt.*

Textilien aus Seide

▶ *Ein großes, bereits gesäumtes Tuch aus Waschseide wurde mit der Krakeliertechnik behandelt. Hier wurden helle, sommerliche Farben wie Gelb, Grün und Türkis verwendet, aber auch andere Farben sehen sehr schön aus.*

Sie brauchen:
112 x 150 cm weiße Waschseide
Seidenmalfarben in Maisgelb, Grün, Türkis
Pipetten
Eine große Plastikfolie
Passende Nähseide

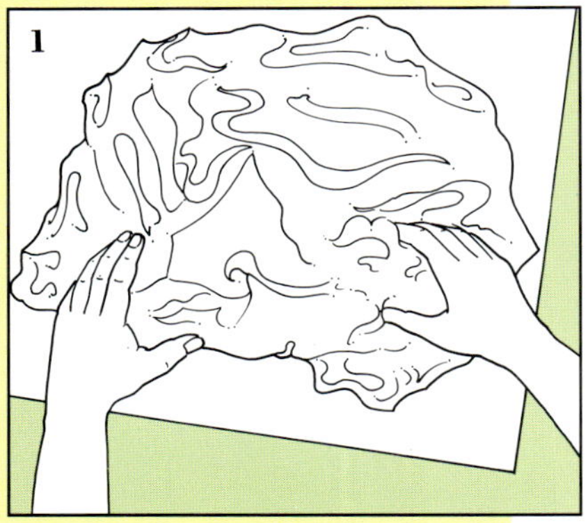

1 *Waschen Sie den Stoff, damit keine Appretur zurückbleibt. Drücken Sie die Seide vorsichtig aus, um überschüssiges Wasser zu entfernen. Breiten Sie eine große Plastikfolie auf einer Arbeitsfläche aus und legen Sie die nasse Seide darauf. Knüllen Sie den Stoff mit Ihren Händen zusammen. Wischen Sie das Wasser mit einem Küchentuch von der Plastikfolie.*

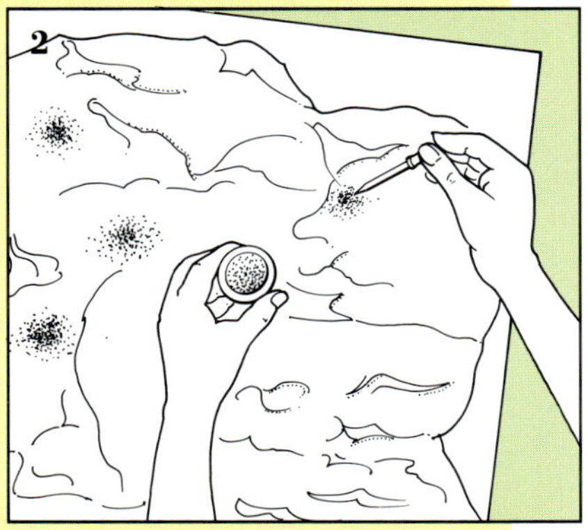

2 *Tragen Sie auf den zerknüllten Stoff Farbtupfer auf; verwenden Sie für jede Farbe eine extra Pipette. Fangen Sie mit der gelben Seidenmalfarbe an, tragen sie dann die grüne und zuletzt die türkise Farbe auf. Lassen Sie die Farben auf dem nassen Stoff ineinanderfließen. Achten Sie jedoch darauf, daß die Seide an einigen Stellen ungefärbt bleibt. Lassen Sie die Seide vollständig trocknen, bevor Sie den Stoff von der Folie nehmen. Fixieren Sie die Farben wie unter Punkt 6 auf Seite 10 beschrieben. Fassen Sie den Stoff mit einem schmalen Saum ein; verwenden Sie dazu eine passende Nähseide.*

ferretti

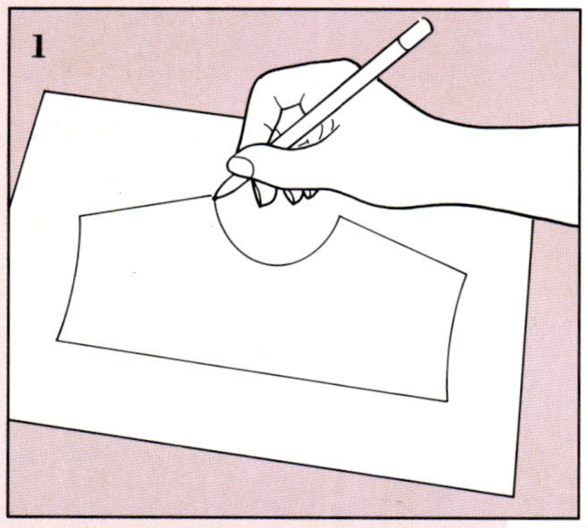

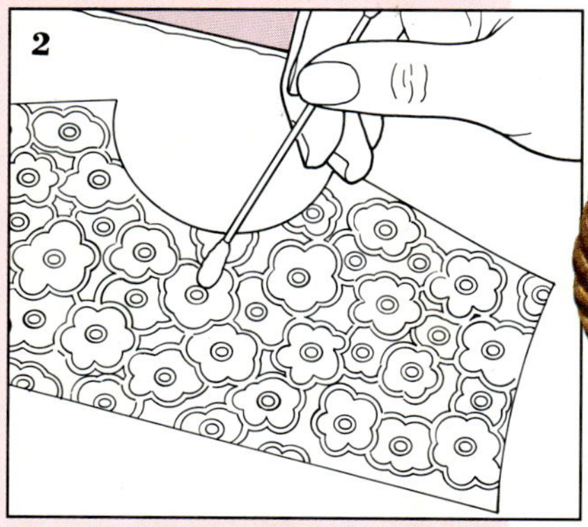

1 *Bügeln Sie die Seide. Schneiden Sie den Papierschnitt aus. Legen Sie das vordere Passenteil auf die Habutai-Seide und zeichnen Sie die Konturen mit einem Phantomstift nach. Befestigen Sie die Passe mit Dreizackstiften auf einem Spannrahmen.*

2 *Pausen Sie das Blumenmuster von Seite 99 ab und übertragen Sie es wie auf Seite 16 beschrieben auf die Passe. Nach der Seidenmaltechnik von Seite 10 - 11 zeichnen Sie mit klarer Gutta die Kante der Passe sowie die Umrisse der Blumen auf. Lassen Sie das Ganze trocknen und malen Sie dann die Blumen mit Wattestäbchen aus. Lassen Sie die Seidenmalfarben trocknen. Fixieren Sie die Farben und nähen Sie das Taufkleid mit passender Nähseide zusammen.*

◀ ▲ *Die vordere Passe des Taufkleides ist übersät mit kleinen Blumen in zarten Farben.*

Sie brauchen:
Einen Papierschnitt für ein Taufkleid mit Puffärmeln
Cremefarbene Thai-Seide
Ein Stück elfenbeinfarbene Habutai-Seide (8 mm) für die Passe
Klare Gutta
Plastikfläschchen mit 0,5-mm-Aufsatzdüse
Seidenmalfarben in Rosa, Lachsrosa, Lavendel, Violett, Zitronengelb, Orangerot, Minzgrün
Wattestäbchen
Passende Nähseide
Cremefarbene, 1,5 cm breite Spitze
Phantomstift

Textilien aus Seide

Sie brauchen:
Einen Papierschnitt für eine Weste ohne Abnäher
Cremefarbene Habutai-Seide (8 mm)
Terracottafarbene Habutai-Seide (8 mm) für das Rückenteil und das Futter
Silberfarbene Gutta
Plastikfläschchen mit 0,5-mm-Aufsatzdüse
Einen großen Spannrahmen
Seidenmalfarben in Silbergrau, Rost und Braun
Wattestäbchen
Dünne, aufbügelbare Einlage
Passende Nähseide
Phantomstift

▶ *Diese zartgemusterte Weste können sowohl Männer als auch Frauen gleichermaßen gut tragen.*

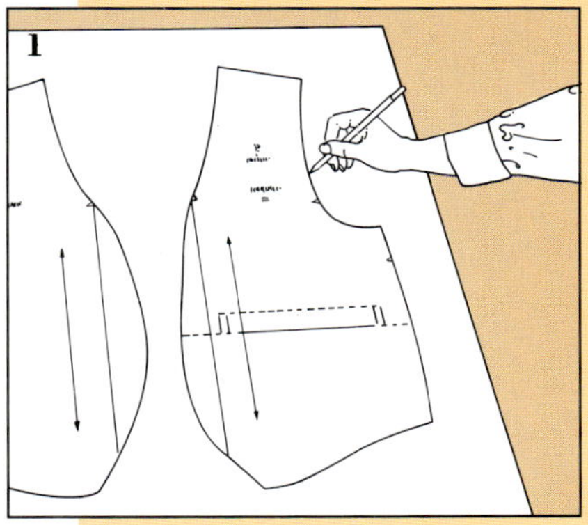

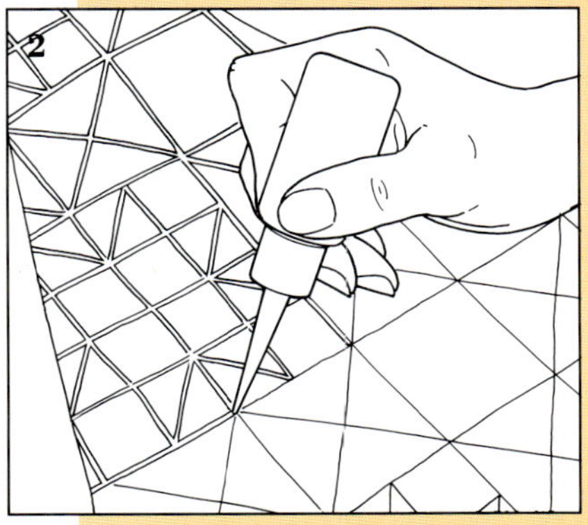

1 *Bügeln Sie die cremefarbene Seide. Schneiden Sie den Papierschnitt aus. Legen Sie das Vorderteil auf die Seide und markieren Sie es mit dem Phantomstift auf dem Stoff. Dann nehmen Sie den Schnitt auf, drehen ihn um und legen ihn etwa 5 cm vom ersten Vorderteil entfernt erneut auf den Stoff. Zeichnen Sie nochmals die Konturen mit dem Phantomstift auf der Seide nach. So erhalten Sie ein linkes und ein rechtes Vorderteil. Legen Sie die Seide mit den beiden Vorderteilen zuzüglich 5 cm Stoffzugabe auf einen Spannrahmen und befestigen Sie den Stoff.*

2 *Pausen Sie das Muster für die Weste von Seite 99 ab und übertragen Sie es auf die beiden Vorderteile mit einem Phantomstift. Achten Sie darauf, daß sich die Linien der Vorlage jeweils auf gleicher Höhe befinden. Arbeiten Sie nach der Seidenmaltechnik von Seite 10 - 11. Zeichnen Sie die Konturen mit silberfarbener Gutta nach und malen Sie mit Wattestäbchen auf. Lassen Sie das Ganze trocknen; fixieren Sie zuletzt die Farben. Verstärken Sie den bemalten Seidenstoff mit einer Einlage. Nähen Sie die Weste mit einer passenden Nähseide zusammen.*

Wohnen in Seide

Verschönern Sie Ihr Zuhause mit Seide. Kreieren Sie einen außergewöhnlichen Wandbehang für Ihr Wohn- oder Eßzimmer, machen Sie Ihr Sofa mit bemalten Seidenkissen gemütlich, oder lassen Sie auf einem Seidenbild Erinnerungen an einen Urlaub am Meer wach werden.

▲ ▶ *Verschönern Sie eine einfache, runde Tischdecke mit einem Blumenmotiv.*

1 *Pausen Sie das Motiv für die Tischdecke von Seite 99 ab und übertragen Sie es mit dem Phantomstift in jede Ecke des Seidenstoffes. Achten Sie darauf, daß der Abstand zum Saum etwa 10 cm beträgt. Befestigen Sie den Stoff mit Spannadeln, die Sie durch den Saum stecken, auf dem Rahmen. Arbeiten Sie nach der Seidenmaltechnik von Seite 10 - 11. Zeichnen Sie die Konturen mit pinkfarbener Gutta auf und lassen Sie alles gründlich trocknen.*

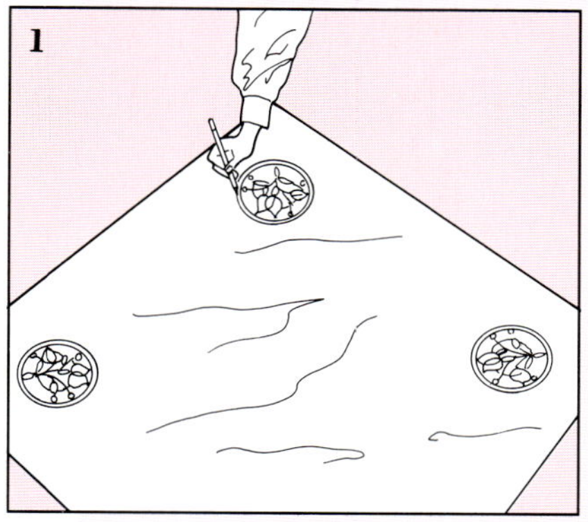

2 *Malen Sie die Blumenmotive aus. Beginnen Sie Ihre Seidenmalerei in der Mitte des Motivs und arbeiten Sie von innen nach außen. Tragen Sie eine Farbe nach der anderen auf. Lassen Sie jede Farbe gut trocknen, bevor Sie mit der nächsten weiterarbeiten. Fixieren Sie die Farben. Legen Sie die Tischdecke auf einen runden Tisch, auf dem bereits eine Unterdecke in passender Farbe liegt.*

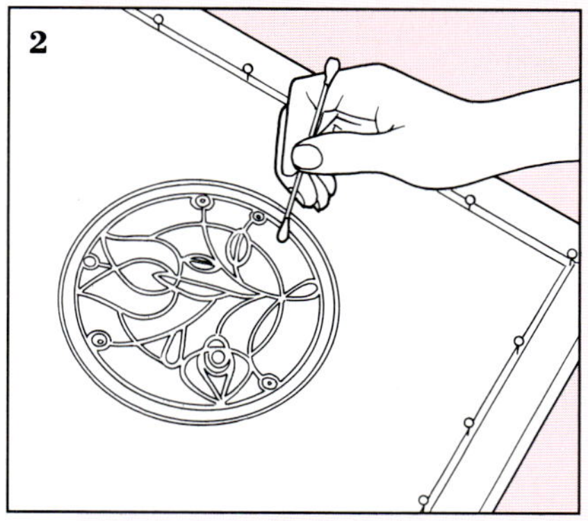

Sie brauchen:
Einen 90 x 90 cm großen elfenbeinfarbenen Habutai-Seidenschal (8 mm)
Pinkfarbene Gutta
Plastikfläschchen mit 0,5-mm-Aufsatzdüse
Seidenmalfarben in Sand, Minzgrün, Hellgrün, Lavendel, Rosa, Lachsrosa
Einen großen Spannrahmen
Spannadeln
Pinsel oder Wattestäbchen
Phantomstift

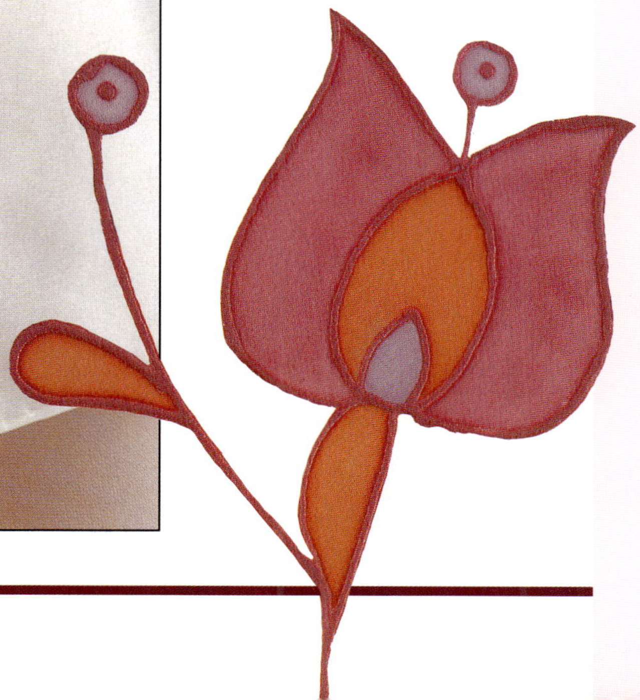

Wohnen in Seide

1 Weichen Sie den Seidenstoff in einer Salzlösung ein wie auf Seite 16 beschrieben. Machen Sie die Lösung ein bißchen stärker als sonst üblich – geben Sie 5 Teelöffel Kochsalz auf einen halben Liter Wasser. Lassen Sie den Stoff etwa 10 Minuten in dieser Lösung liegen. Dann hängen Sie ihn tropfnaß auf.

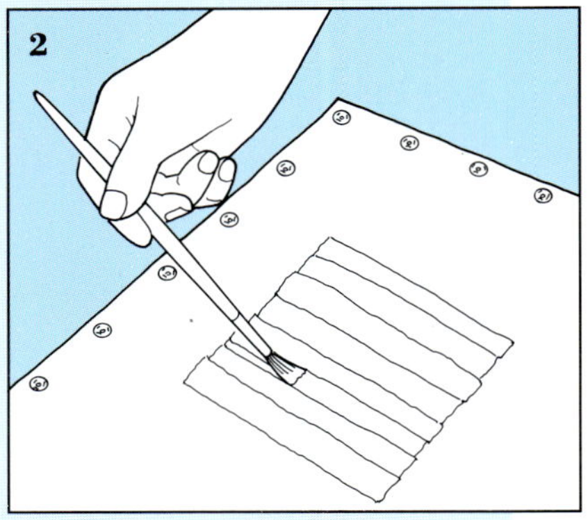

2 Spannen Sie die Seide mit Dreizackstiften auf den Rahmen. Mit einem großen Pinsel malen Sie breite Farbstreifen über das Gewebe. Arbeiten Sie dabei von oben nach unten und beginnen Sie mit dem Himmel, indem Sie breite, ineinander übergehende Streifen in Eis- und Opalblau auftragen.

Sie brauchen:
50 x 50 cm weiße Habutai-Seide (8 mm)
Spannrahmen
Dreizackstifte
Salzlösung
Seidenmalfarben in Eisblau, Opalblau, Türkis, Pastellgelb, Altgold
Einen großen Pinsel
Phantomstift
Schwarzen Textilstift mit feiner Spitze
Aufbügelbare Einlage
Zwei Bilderrahmen mit einem 10 x 15 cm großen Bildausschnitt

▶ Mit Salz behandeltes Gewebe ergibt wunderschöne Bilder – in diesem Fall eine Meerlandschaft. Ebenso schön sieht aber auch ein Sonnenuntergang aus.

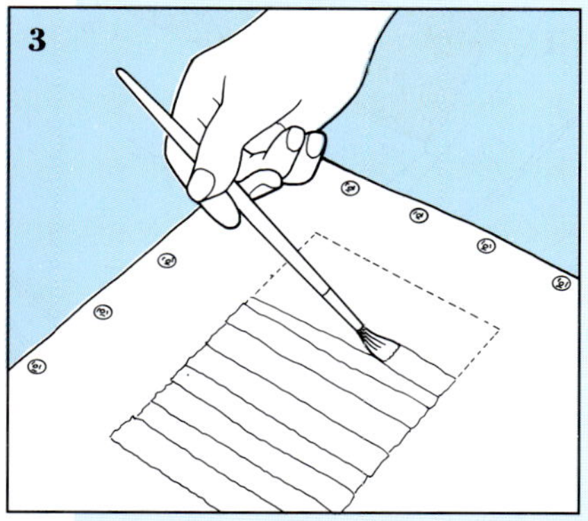

3 *Bevor die Farbe für den Himmel ganz getrocknet ist, malen Sie einen schmalen türkisfarbenen Streifen unmittelbar darunter. Für den Sand malen sie breite, pastellgelbe Streifen unter das »Meer«. Bevor diese Farbe vollständig trocken ist, malen Sie einen breiten Streifen in Altgold auf die Seide – genau an die Stelle, wo Sand und Meer zusammentreffen.*

4 *Nehmen Sie die Bilderrahmen auseinander. Legen Sie beide Rahmen auf die trockene und fixierte Seide, einen im Quer-, den anderen im Hochformat. Wählen Sie die Bildausschnitte mit dem Phantomstift auf der Seide. Entfernen Sie die Rahmen und kennzeichnen Sie diese und schneiden Sie die Bilder ringsum mit einer Stoffzugabe von 2,5 cm aus. Verstärken Sie den Seidenstoff mit einer Einlage (vgl. Seite 16). Mit dem Textilstift zeichnen Sie zwei oder drei V-förmige Seemöwen in den Himmel. Rahmen Sie die Bilder.*

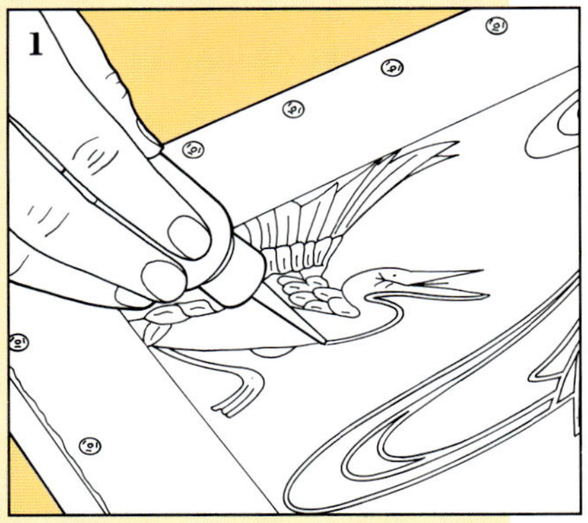

1 *Pausen Sie das Motiv für den Wandbehang von Seite 99 ab, vergrößern Sie es und übertragen Sie es auf den Seidenstoff. Arbeiten Sie nach der Seidenmaltechnik von Seite 10 - 11. Zeichnen Sie die Konturen für Kraniche und Wellen mit silberfarbener Gutta auf. Arbeiten Sie von der Mitte nach außen. Rahmen Sie das gesamte Bild außerdem mit einer durchgezogenen Linie ein. Lassen Sie alles trocknen. Zeichnen Sie dann die Konturen für das Kranichsymbol. unten links mit goldfarbener Gutta.*

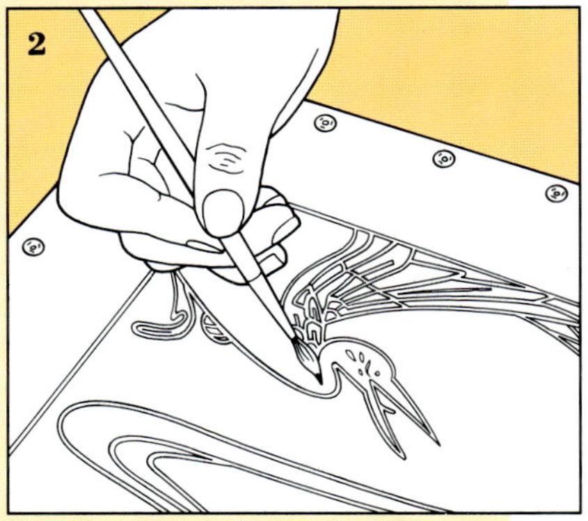

2 *Verwenden Sie das Foto als Vorlage. Tragen Sie die Farben auf und beginnen Sie mit Ihrer Arbeit in der Mitte des Motivs. Lassen Sie die erste Farbe vollständig trocknen, bevor Sie mit der zweiten beginnen usw. Zuletzt tragen Sie Preußischblau auf – etwa 5 cm über den Guttarahmen hinaus. Fixieren Sie die Farben. Verstärken Sie den bemalten Seidenstoff mit einer Einlage (vgl. Seite 16).*

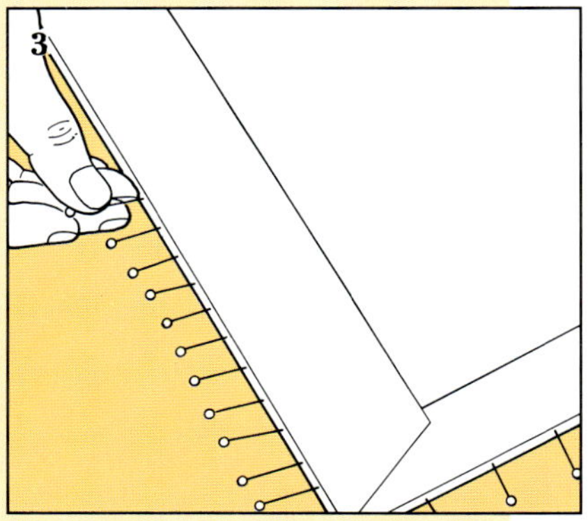

3 *Bestreichen Sie eine Seite des Kartons mit Textilkleber und legen Sie die Wattierung darauf. Drücken Sie diese leicht fest und lassen Sie alles trocknen. Legen Sie Ihre bemalte Seide mit der Vorderseite nach oben auf den jetzt wattierten Karton und lassen Sie etwa 5 cm Stoff an den Kanten überstehen. Schlagen Sie die Seide an den Längsseiten um und befestigen Sie diese mit Stecknadeln am Karton. Wiederholen Sie diesen Vorgang auch an den Schmalseiten des Bildes. Knicken Sie die Ecken sorgfältig um.*

▶ *Stilisierte japanische Kraniche und Wellenlinien sehen bezaubernd auf einem Wandbehang aus. Lassen Sie Ihrer Phantasie freien Lauf und holen Sie sich Anregungen von japanischen und chinesischen Malereien!*

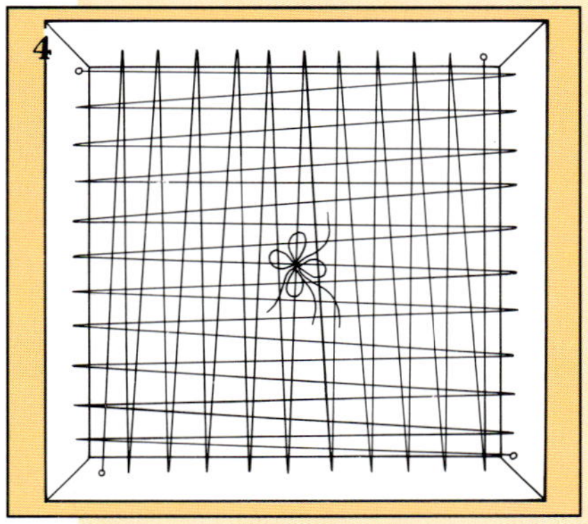

4 *Drehen Sie das Bild um. Fädeln Sie (Häkel-)Garn auf eine Nadel und machen Sie einen Knoten in das eine Ende. Führen Sie das Garn abwechselnd von oben nach unten durch den Stoff, bis Sie in der Bildmitte angelangt sind. Wenn Ihnen der Faden vorher ausgehen sollte, knoten Sie einfach ein weiteres Stück Garn an. Wiederholen Sie diesen Vorgang auch in der anderen Richtung. Zuletzt ziehen Sie das Garn fest und machen in der Bildmitte eine Schleife. Wiederholen Sie das Ganze an den anderen beiden Seiten. Nähen Sie jeweils einen kleinen Messingring in die oberen Ecken Ihres Bildes, damit Sie es aufhängen können.*

Sie brauchen:
50 x 50 cm weiße Habutai-Seide
Einen großen Spannrahmen
Dreizackstifte
Gold- und silberfarbene Gutta
Plastikfläschchen mit 0,5-mm-Aufsatzdüse
Seidenmalfarben in Silbergrau, Blaugrau, Lachsrosa, Orange, Azurblau, Preußischblau
Pinsel
Dünne, aufbügelbare Einlage
36 x 36 cm großen, dicken Karton
36 x 36 cm große Polyester-Wattierung
Textilkleber
Stecknadeln
(Häkel-)Garn
Zwei kleine Messingringe
Nähseide
Nadel

Wohnen in Seide

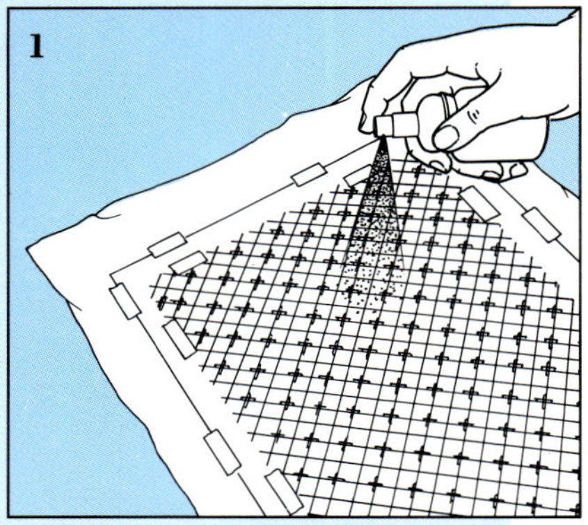

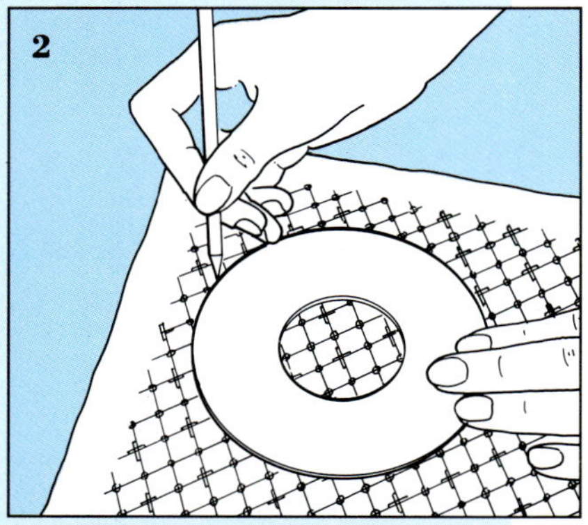

1 *Breiten Sie die Plastikfolie auf einer glatten Arbeitsfläche aus. Legen Sie die Seide darauf und befestigen Sie diese mit einem Klebeband. Legen Sie die Spitze auf den Stoff und befestigen Sie diese ebenfalls mit Klebeband. Geben Sie zuerst die hellste Seidenmalfarbe in den Zerstäuber und sprühen Sie die Spitze ein. Wiederholen Sie den Vorgang mit den restlichen Farben. Lassen Sie alles trocknen und fixieren Sie die Farben.*

2 *Verstärken Sie die Seide mit einem aufbügelbaren Haftvlies (vgl. Seite 16). Schneiden Sie den Stoff in Quadrate mit einer Seitenlänge von 15 cm. Legen Sie immer zwei Quadrate links auf links aufeinander. Übertragen Sie den Kreis von Seite 99 auf die Schablone und schneiden Sie ihn mit einem scharfen Messer aus. Legen Sie die Schablone auf den Stoff und zeichnen Sie die Umrisse nach. Versäubern Sie den inneren Kreis mit Plattstichen und schneiden Sie das Stoffteil in der Mitte heraus. Zuletzt schneiden Sie den äußeren Kreis mit einer Zickzackschere zurecht.*

Das Muster des Serviettenrings wurde in verschiedenen Blau- und Grüntönen aufgesprüht.

▶ *Für diesen La*
penschirm wurd
die Ecken des be
ten Seidenstoffe
mit Perlen beschwert.

Sie brauchen:
SERVIETTENRING:
Rosafarbene Taffeta
Polyesterspitze mit kleinem Muster
Seidenmalfarben in Blaugrün, Hellgrün, Smaragd, Türkis, Ultramarin
Zerstäuber
Pipetten, Plastikfolie und Klebeband
Aufbügelbares Haftvlies
Passende Nähseide
Zickzackschere, dünnen Karton und ein scharfes Messer
Phantomstift

Sie brauchen:
LAMPENSCHIRM:
Einen 55 x 55 cm großen, türkisfarbenen Habutai-Seidenschal
Spannrahmen, Spannadeln und goldfarbene Gutta
Plastikfläschen mit 0,5-mm-Aufsatzdüse
Seidenmalfarben in Blaßgelb, Orangerot, Himbeerrot, Grün, Türkis, Hellblau, Graublau
Pinsel oder Wattestäbchen
Passende Nähseide
4 längliche und 4 kleine, runde Messingperlen
Nähnadel

ACHTUNG! Schrauben Sie nur eine Glühbirne mit niedriger Wattzahl in Ihre Lampe – die Hitze wird sonst zu stark.

1 Zeichnen Sie das Muster freihand vor. Arbeiten Sie nach der Seidenmaltechnik von Seite 10 - 11. Spannen Sie den Stoff auf den Rahmen und ziehen Sie die Konturen mit goldfarbener Gutta nach. Beginnen Sie in der Mitte und arbeiten Sie von innen nach außen. Lassen Sie die Gutta trocknen. Tragen Sie die Seidenmalfarben eine nach der anderen auf. Lassen Sie jede Farbe vollständig trocknen, bevor Sie mit der nächsten weitermachen. Fixieren Sie die Farben.

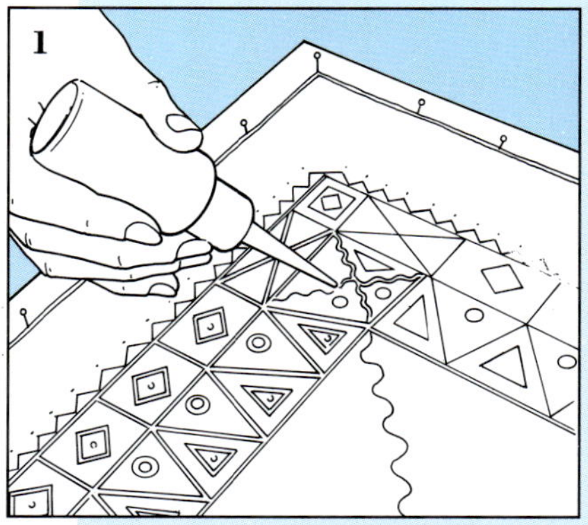

2 Mit der Nähseide befestigen Sie an jeder Ecke des Stoffes jeweils eine längliche und eine runde Messingperle: Befestigen Sie zuerst den Faden am Seidentuch; führen Sie dann die Nadel durch die längliche, anschließend durch die runde Perle. Vernähen Sie den Faden. Legen Sie das Seidentuch über einen kleinen Lampenschirm.

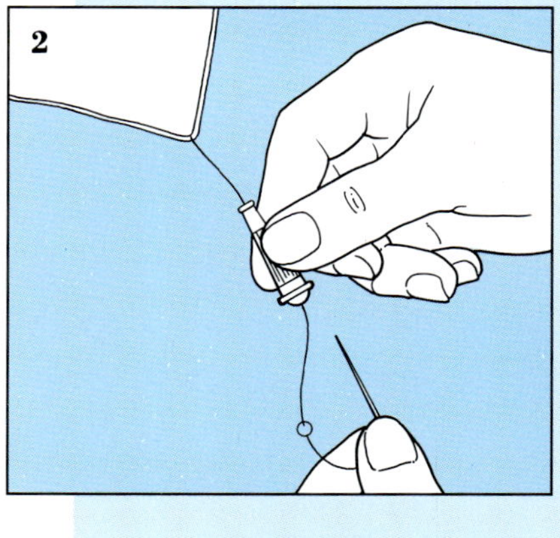

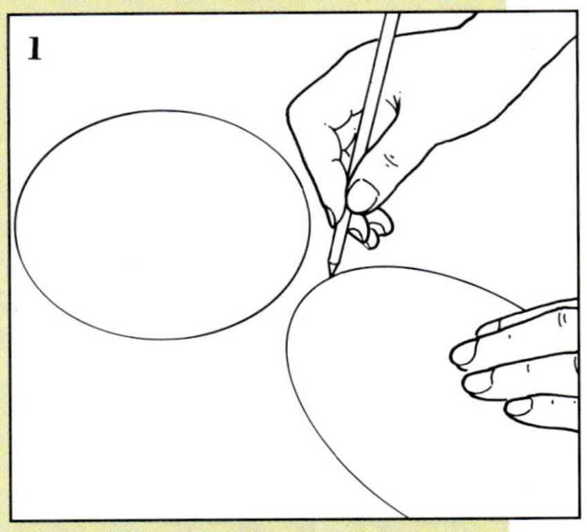

1 *Auf einem großen Stück Seide können Sie mehrere Bilder gleichzeitig malen. Nehmen Sie die Gläser aus den Rahmen und legen Sie diese etwa 5 cm voneinander entfernt auf den Stoff. Zeichnen Sie die Umrisse mit dem Phantomstift auf der Seide nach. Pausen Sie die Vorlagen von Seite 101 ab und übertragen Sie diese auf den Stoff.*

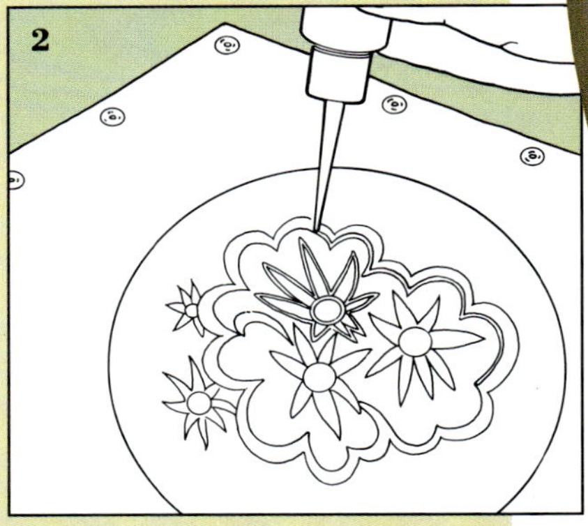

2 *Spannen Sie die Seide mit Dreizackstiften auf den Rahmen. Arbeiten Sie nach der Seidenmaltechnik von Seite 10 - 11. Ziehen sie die Umrißlinien mit silberner oder fliederfarbener Gutta nach. Beginnen Sie mit Ihrer Seidenmalerei in der Mitte des Motivs und arbeiten Sie von innen nach außen. Lassen Sie die Gutta trocknen.*

▶ *Ein kleines Bild aus bemalter Seide ist ein wunderschönes Geschenk für einen lieben Freund.*

Sie brauchen:
Weiße Habutai-Seide (8 mm)
Spannrahmen
Plastikfläschchen mit 0,5-mm-Aufsatzdüse
Pinsel
Aufbügelbare Einlage
Phantomstift

BILD MIT TULPE:
Silberfarbene Gutta
Seidenmalfarben in Violett, Pink, Zyklamrot, Orangerot, Gelbgrün, Olivgrün
Einen runden Holzrahmen mit einem 8 cm großen Bildausschnitt

BILD MIT CHRYSANTHEMEN:
Fliederfarbene Gutta
Seidenmalfarben in Violett, Eisblau, Orange, Pistazie, Olivgrün, Pink, Zyklamrot, Bordeauxrot
Einen runden Holzrahmen mit einem 10 cm großen Bildausschnitt

STRAUSS MIT SCHLEIFE:
Silberfarbene Gutta
Seidenmalfarben in Violett, Pink, Zyklamrot, Orangerot, Gelbgrün, Olivgrün
Einen ovalen Messingrahmen mit einem 12 x 17 cm großen Bildausschnitt

KLEINE BLÜMCHEN:
Fliederfarbene Gutta
Seidenmalfarben in Minzgrün, Grasgrün, Pistazie, Azurblau, Pink, Karminrot
Einen runden Messingrahmen mit einem 15 cm großen Bildausschnitt

PINKFARBENE BLUMEN:
Fliederfarbene Gutta
Seidenmalfarben in Grasgrün, Gelbgrün, Olivgrün, Lachsrosa, Fleischfarben, Gelborange, Orangerot
Einen runden Messingrahmen mit einem 15 cm großen Bildausschnitt

3

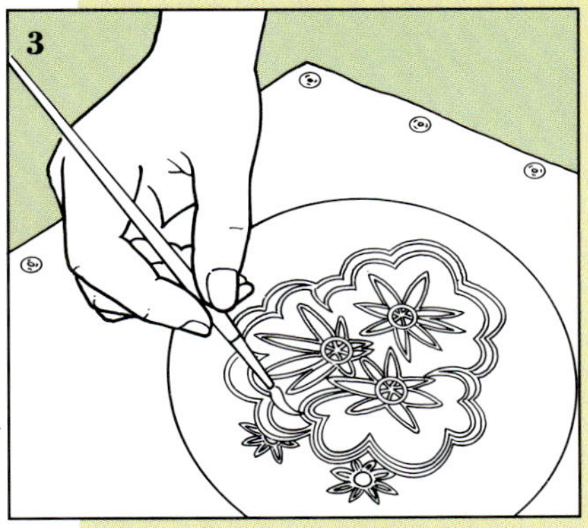

4

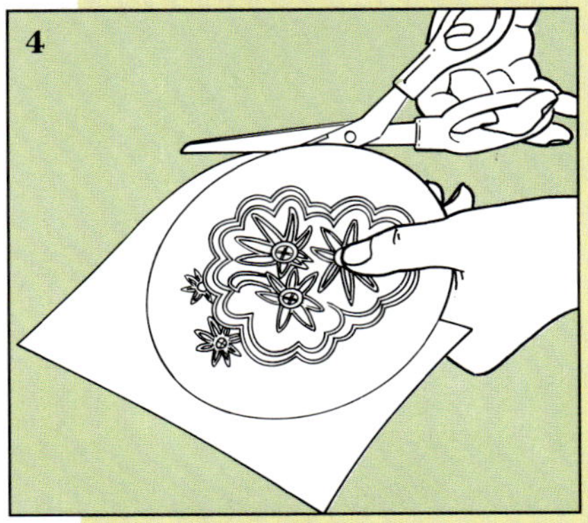

3 *Malen Sie das Blumenmotiv mit einem Pinsel aus. Verwenden Sie die Fotos als Farbvorlagen. Tragen Sie die Seidenmalfarben eine nach der anderen auf. Lassen Sie jede Farbe vollständig trocknen, bevor Sie mit der nächsten weitermachen. Nehmen Sie zuletzt die Seide vom Spannrahmen. Fixieren Sie die Farben wie unter Punkt 6 auf Seite 10 beschrieben.*

4 *Schneiden Sie die bemalten Kreise und Ovale plus einer Stoffzugabe von 2,5 cm aus. Verstärken Sie die Seide mit einer aufbügelbaren Einlage (vgl. Seite 16). Schneiden Sie anschließend jedes Motiv entlang der vorgezeichneten Konturen aus. Rahmen Sie die Bilder nach den Anweisungen des Herstellers.*

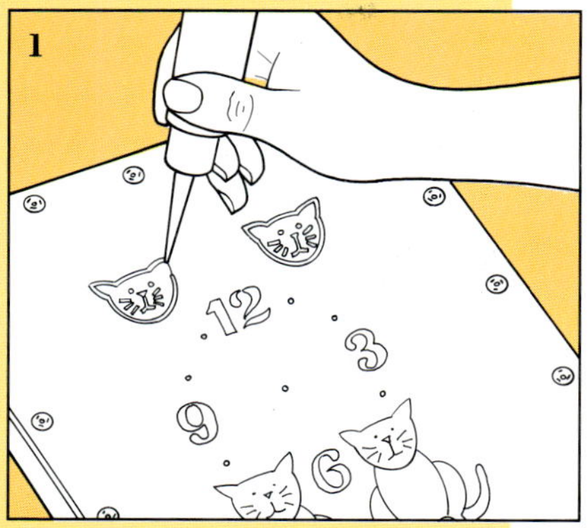

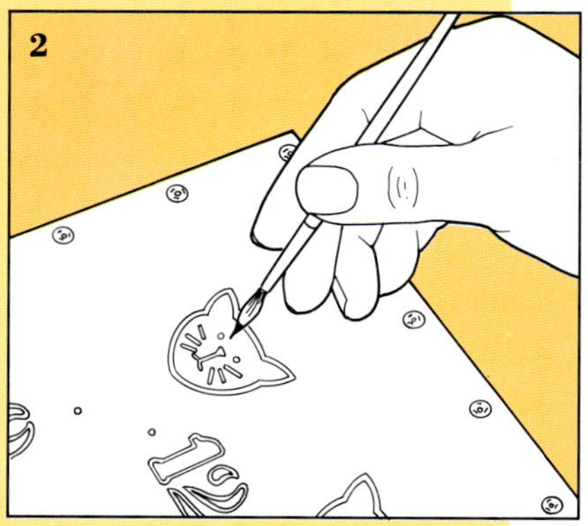

1 *Pausen Sie das Zifferblatt von Seite 101 ab und übertragen Sie es auf die Seide. Spannen Sie den Stoff mit Dreizackstiften auf den Rahmen. Arbeiten Sie nach der Seidenmaltechnik von Seite 10 - 11. Ziehen Sie die Konturen mit kupferfarbener Gutta nach. Beginnen Sie mit Ihrer Arbeit in der Mitte des Motivs und arbeiten Sie von innen nach außen. Lassen Sie alles vollständig trocknen.*

2 *Verwenden Sie das Foto als Arbeitshilfe. Tragen Sie die Seidenmalfarben mit einem Pinsel auf und lassen Sie jede Farbe gut trocknen, bevor Sie mit der nächsten fortfahren. Verstärken Sie den Seidenstoff mit einer aufbügelbaren Einlage (vgl. Seite 16). Befestigen Sie das Zifferblatt nach den Angaben des Herstellers in der Uhr.*

Sie brauchen:
UHR MIT KATZENMOTIV:
25 x 30 cm elfenbeinfarbene Habutai-Seide (8 mm)
Kupferfarbene Gutta, Plastikfläschchen mit 0,5-mm-Aufsatzdüse
Seidenmalfarben in Rotbraun, Graublau, Türkis
Spannrahmen, Dreizackstifte und Pinsel
Uhr mit Holzrahmen (vgl. Seite 104)
Aufbügelbare Einlage

Sie brauchen:
UMWICKELTE VASE:
Gelbe Habutai-Seide (8 mm) in passender Größe
Klare Gutta, Plastikfläschchen mit 0,5-mm-Aufsatzdüse
Seidenmalfarben in Dunkelgrau, Orange, Lachsrosa
Spannrahmen, Dreizackstifte, Pinsel oder Wattestäbchen, Pipetten
Eine 18 cm hohe Vase mit Hals
Eine 1,5 cm breite Borte in passender Farbe
Gummiband, Textilkleber, einen alten Pinsel und einen Unterteller

◀ ▶ *Vier Katzen auf dem Z[…] ferblatt einer Uhr erfreuen je[…] Katzenfan. Eine Vase mit Se[…] zu umwickeln ist eine prima[…] Methode, ein unschönes Stü[…] zu veredeln.*

Wohnen in Seide

1 Spannen Sie den Stoff mit Dreizackstiften auf den Rahmen. Arbeiten Sie nach der Seidenmaltechnik von Seite 10 - 11. Zeichnen Sie mit klarer Gutta Spiralen auf den Stoff – achten Sie dabei darauf, daß jede Spirale »geschlossen« ist! Lassen Sie das Ganze trocknen. Malen Sie dann die Spiralen dunkelgrau aus. Mit Pipetten tropfen Sie orange- und lachsfarbene Tupfen auf den gelben Stoff. Lassen Sie die Farben trocknen und fixieren Sie diese.

2 Geben Sie etwas Textilkleber auf die Untertasse. Stellen Sie die Vase genau in die Mitte des bemalten Stoffs, wickeln Sie sie ein und befestigen Sie die Seide mit einem Gummiband am Vasenhals. Schneiden Sie den Stoff zurück, lassen Sie aber etwa 2,5 cm überstehen. Mit dem Pinsel streichen Sie den Stoff auf beiden Seiten oberhalb des Gummibandes mit Textilkleber ein. Kleben Sie die überstehende Seide in das Vaseninnere. Befestigen Sie die Borte am Flaschenhals.

1

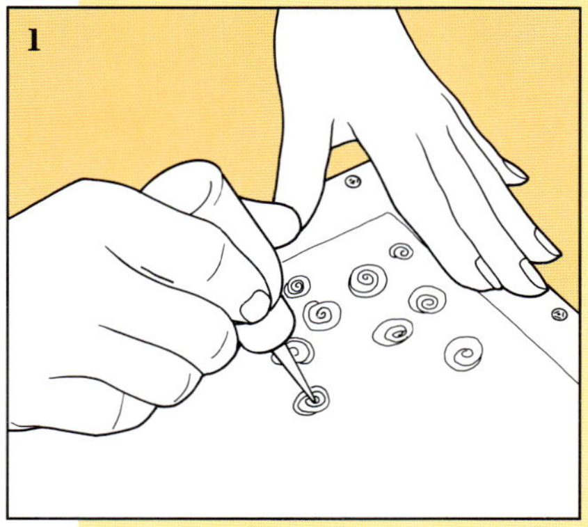

2

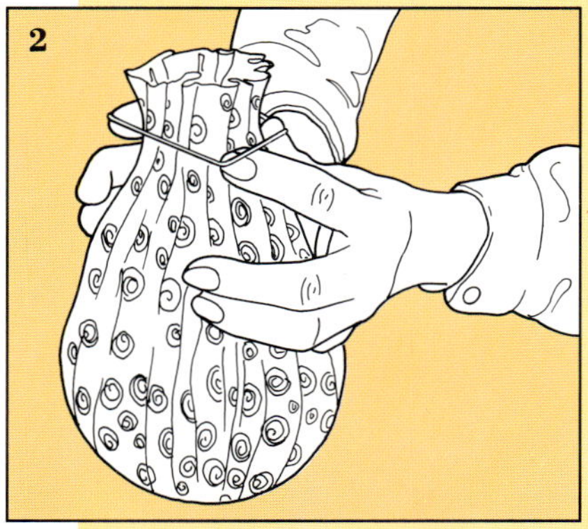

1 *Alle drei Muster sind freihand auf den Stoff gezeichnet. Verwenden Sie die Fotos als Vorlage. Arbeiten Sie nach der Seidenmaltechnik von Seite 10 -11. Spannen Sie die Seide auf den Rahmen und ziehen Sie die Konturen mit klarer Gutta nach. Beginnen Sie in der Mitte und arbeiten Sie von innen nach außen.*

2 *Malen Sie die Muster aus. Tragen Sie eine Farbe nach der anderen auf und lassen Sie jede Farbe vollständig trocknen, bevor Sie mit der nächsten fortfahren. Fixieren Sie die Farben. Schneiden Sie jedes Muster plus einer Stoffzugabe von 1,5 cm aus. Verstärken Sie den Stoff mit einer aufbügelbaren Einlage. Nähen Sie den Kissenbezug.*

KISSEN MIT GEOMETRISCHEM MUSTER:
45 x 45 cm weiße Habutai-Seide (8 mm)
Seidenmalfarben in Minzgrün, Pistazie, Violett, Dunkelrot, Gelb, Kastanienbraun, Blaßblau, Türkis, Petrol, Ultramarin
40 x 40 cm große Kissenfüllung

RECHTECKIGES KISSEN MIT BLUMEN:
35 x 45 cm weiße Habutai-Seide (8 mm)
Seidenmalfarben in Minzgrün, Grasgrün, Pistazie, Violett, Dunkelrot, Gelb, Pink, Zyklamrot, Bordeauxrot, Blaßblau, Türkis, Petrol, Ultramarin
30 x 38 cm große Kissenfüllung

QUADRATISCHES KISSEN MIT BLUMEN:
40 x 40 cm weiße Habutai-Seide
Seidenmalfarben in Minzgrün, Grasgrün, Dunkelrot, Gelb, Orangerot, Pink, Zyklamrot, Bordeauxrot
35 x 35 cm große Kissenfüllung

◀ *Nähen Sie mehrere farblich zueinander passende Kissenbezüge mit unterschiedlichen Motiven!*

Sie brauchen:
Klare Gutta
Plastikfläschchen mit 0,5-mm-Aufsatzdüse
Spannrahmen
Dreizackstifte
Pinsel oder Wattestäbchen
Phantomstift
Eine dünne, aufbügelbare Einlage
Seide für die Kissenrückseite
Passende Nähseide

Ausgefallene Geschenke

Überraschen Sie Ihre Familie und Freunde und geben Sie Ihren selbstgefertigten Geschenken aus Seide eine ganz persönliche Note, indem sie die Lieblingsfarben des Beschenkten berücksichtigen! Oder lassen Sie sich neue, ungewöhnliche Muster einfallen. Und zuletzt vielleicht noch ein besonderer Gag: Entwerfen Sie doch mal Einladungs- oder Glückwunschkarten aus Seide!

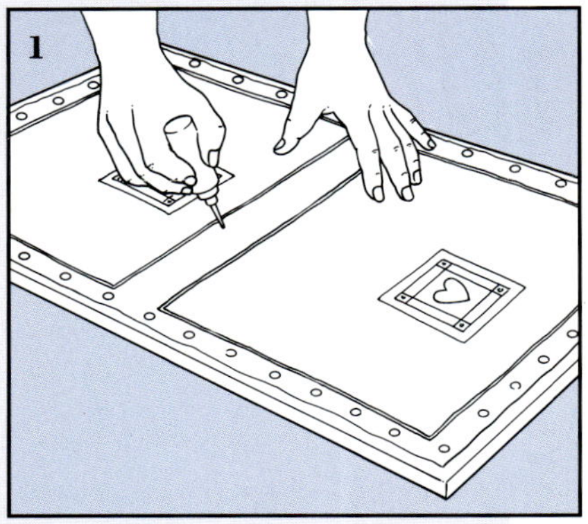

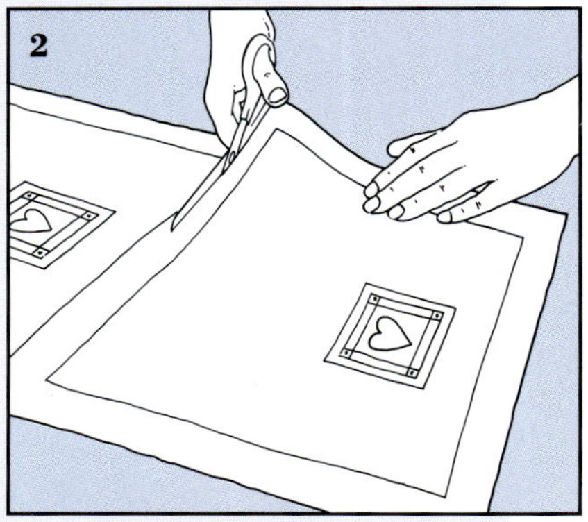

1 *Arbeiten Sie mehrere Beutel gleichzeitig. Zeichnen Sie die Umrißlinien der Beutel auf einen weißen Seidenstoff. Lassen Sie zwischen den einzelnen Teilen etwa 8 cm frei. Pausen Sie die Herzen von Seite 100 - 101 ab und übertragen Sie diese auf den Stoff. Spannen Sie die Seide auf den Rahmen. Ziehen Sie die Konturen des Motivs sowie die Umrißlinien mit silberfarbener Gutta nach. Lassen Sie die Gutta trocknen.*

2 *Arbeiten Sie nach der Seidenmaltechnik von Seite 10 - 11. Malen Sie die Motive sowie den Hintergrund mit den Seidenmalfarben aus. Verwenden Sie das Foto als Farbvorlage. Lassen Sie die Farben mehrere Stunden trocknen. Nehmen Sie den Stoff vom Rahmen und fixieren Sie die Farben wie unter Punkt 6 auf Seite 10 beschrieben. Schneiden Sie jedes Stoffteil plus einer Nahtzugabe von 1,5 cm aus.*

▲ Legen Sie zwischen Ihre Wäsche ein duftendes Kräutersäckchen.

◀ Mit gebrannten Mandeln gefüllt, ist dieser Beutel ein willkommenes Mitbringsel.

Sie brauchen:
BEUTEL:
Weiße Habutai-Seide (8 mm)
Silberfarbene Gutta
Plastikfläschchen mit 0,5-mm-Aufsatzdüse
Seidenmalfarben in Hellblau, Türkis, Grüntürkis, Blaßrosa, Zyklamrot, Bordeauxrot, Violett
Spannrahmen
Dreizackstifte
Pinsel oder Wattestäbchen
Dünne, aufbügelbare Einlagen
Passende Nähseide
Silberfarbige Kordel oder Schmuckband
Zickzackschere

3 *Verstärken Sie jedes Stoffteil mit einer aufbügelbaren Einlage. Schlagen Sie den Stoff zur Hälfte um und säumen Sie ihn an den Seiten ein. Bügeln Sie die Nähte auseinander. Nähen Sie eine Schmalseite des Beutels zusammen und schneiden Sie den Stoff an den Ecken schräg ab. Drehen Sie den Beutel auf die rechte Seite und bügeln Sie ihn. Schneiden Sie die obere Kante mit der Zickzackschere zurecht. Wickeln Sie Ihr Geschenk in Papier ein und stecken Sie es in den Beutel. Verschließen Sie ihn mit einer silberfarbenen Kordel oder mit einem Schmuckband.*

1 *Pausen Sie die Rosen von Seite 101 ab und übertragen Sie diese auf ein Stoffteil. Arbeiten Sie nach der Seidenmaltechnik von Seite 10 - 11. Ziehen Sie die Konturen mit Gutta nach und tragen Sie die Seidenmalfarben auf. Das zweite Stoffteil malen Sie vollständig mit hellblauer Farbe aus. Verstärken Sie sowohl Vorder- als auch Rückseite des Kissens mit einer aufbügelbaren Einlage. Nähen Sie das Kissen zusammen (vgl. Seite 17). Geben Sie Füllmaterial aus Polyester sowie getrocknete Rosenblütenblätter in den Bezug. Schließen Sie die verbliebene Öffnung. Zum Schluß verzieren Sie das Kissen mit silbernen Schleifen wie hier abgebildet.*

3
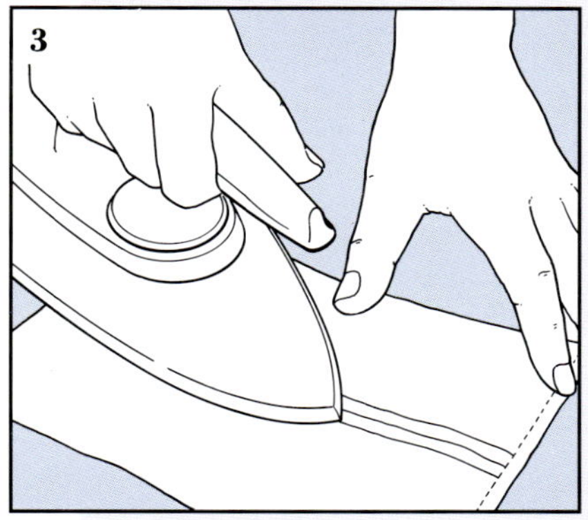

1
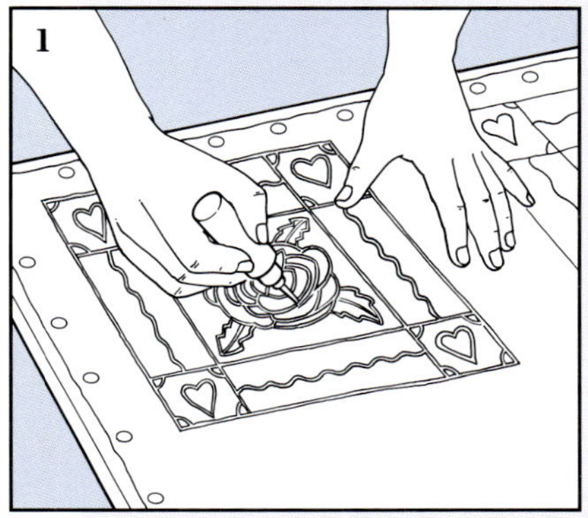

Sie brauchen:
DUFTKISSEN:
Zwei 23 x 23 cm große Quadrate aus weißer Habutai-Seide (8 mm)
Silberfarbene Gutta
Plastikfläschchen mit 0,5-mm-Aufsatzdüse
Seidenmalfarben in Hellblau, Türkis, Grüntürkis, Blaßrosa, Zyklamrot, Bordeauxrot, Violett, Eisblau, Pistazie, Olivgrün
Spannrahmen
Dreizackstifte
Pinsel und Wattestäbchen
Dünne, aufbügelbare Einlagen
Passende Nähseide
Schmale silberfarbene Kordel
Füllmaterial aus Polyester
Getrocknete Rosenblütenblätter

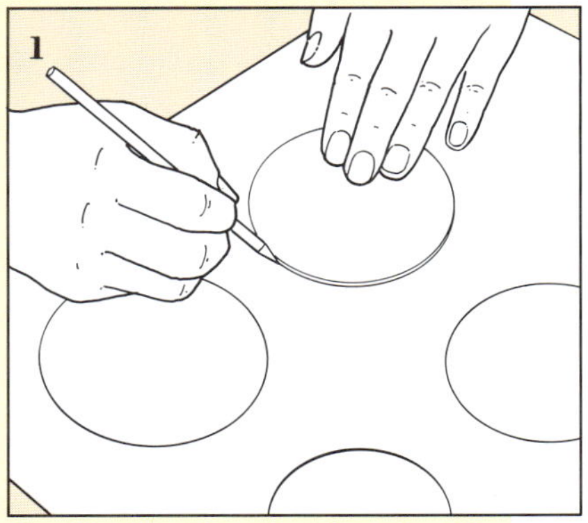

1 *Legen Sie den Seidenstoff in eine Salzlösung wie auf Seite 12 beschrieben. Lassen Sie den Stoff anschließend trocknen. Bemalen Sie mehrere Dosen gleichzeitig. Nehmen Sie die Acetatringe von den Deckeln, legen Sie diese etwa 5 cm voneinander entfernt auf die Seide und ziehen Sie die Umrißlinien nach. Spannen Sie den Stoff mit Dreizackstiften auf den Rahmen.*

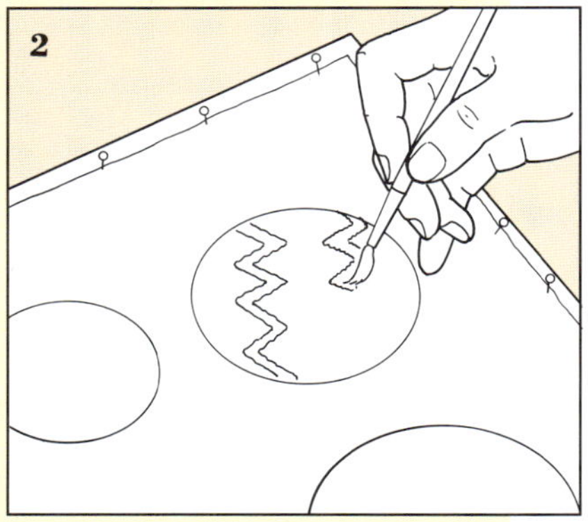

2 *Tauchen Sie einen mittelstarken Pinsel in die Seidenmalfarbe und zeichnen Sie die Zickzacklinien auf den Stoff. Verwenden Sie das Foto als Farbvorlage. Zum Schluß malen Sie noch kleine Pünktchen und Linien auf den Stoff.*

▶ *Die Motive dieser Schmuckdosen erinnern an afrikanische Muster.*

Sie brauchen:
Stoffreste von weißer Habutai-Seide (8 mm)
Salzlösung
Spannrahmen
Dreizackstifte
Aufbügelbare Einlage

DOSEN MIT ZICKZACK-MUSTER:
Seidenmalfarben in Ocker, Altgold, Bronze, Gelborange, Orange, Karminrot, Rotbraun, Kastanienbraun, Dunkelbraun, Schwarz
Pinsel
Schmuckdosen aus Mahagoni (siehe Seite 104)

DOSEN MIT PUNKTEN:
Seidenmalfarben in Pastellgelb, Sand, Ocker, Bronze, Karminrot, Rotbraun, Kastanienbraun, Dunkelbraun, Schwarz
Wattestäbchen
Schmuckdosen aus Ulme (siehe Seite 104)

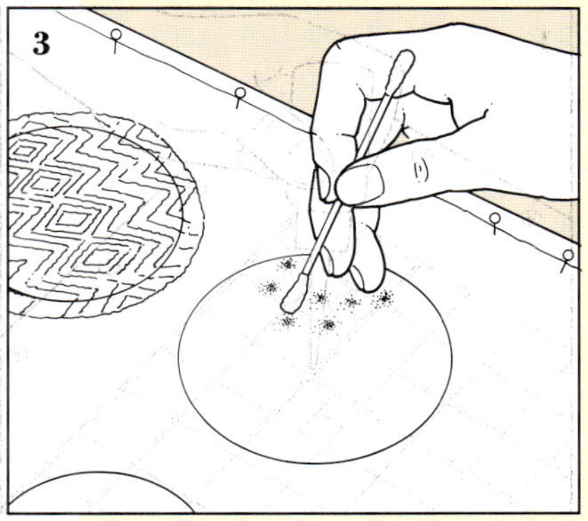

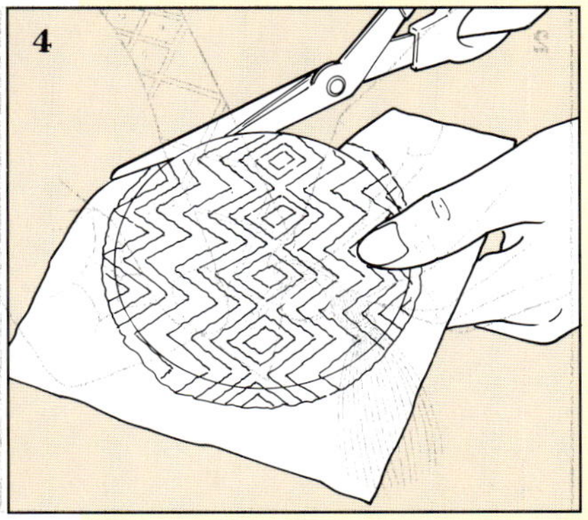

3 Tragen Sie die Tupfen mit Wattestäbchen auf. Beginnen Sie mit pastellgelber, sand- oder ockerfarbener Seidenmalfarbe und lassen Sie die Punkte einige Minuten trocknen. Dann tupfen Sie weitere farbige Pünktchen in die Mitte oder an den Rand der bereits vorhandenen Punkte. Fangen Sie mit den hellen Farben an und gehen Sie allmählich zu den dunkleren über. Lassen Sie die Farben zwischen den einzelnen Arbeitsgängen leicht antrocknen.

4 Wenn Sie fertig sind, lassen Sie die Farben vollständig trocknen. Nehmen Sie dann die Seide vom Rahmen und fixieren Sie die Farben. Verstärken Sie den Seidenstoff mit einer aufbügelbaren Einlage (vgl. Seite 16). Schneiden Sie die Motive aus dem Stoff. Befestigen Sie die bemalte Seide nach den Angaben des Herstellers in den Deckeln.

Ausgefallene Geschenke

1

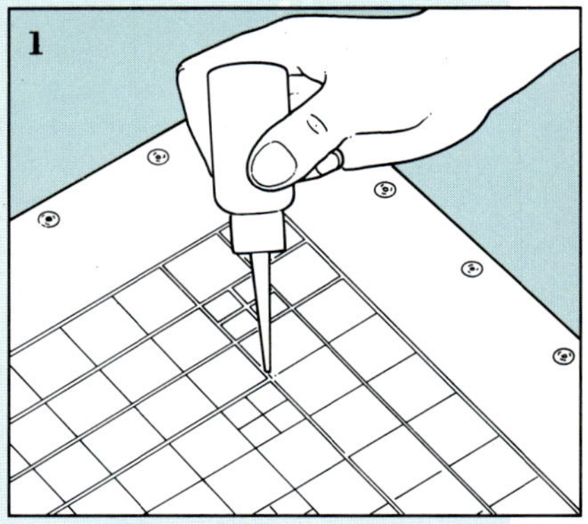

2

1 *Malen Sie mehrere Lesezeichen gleichzeitig auf den Seidenstoff; jedes Lesezeichen sollte etwa 8 x 20 cm groß sein. Spannen Sie den Stoff mit Dreizackstiften auf den Rahmen. Arbeiten Sie nach der Seidenmaltechnik von Seite 10 - 11. Zeichnen Sie die Muster freihand mit goldfarbener Gutta auf die Seide. Verwenden Sie das Foto als Vorlage. Tragen Sie die Seidenmalfarben auf. Lassen Sie alles trocknen, bevor Sie die Farben fixieren.*

2 *Befestigen Sie den bemalten Seidenstoff mit Haftspray auf dem Karton. Pausen Sie die Vorlage von Seite 98 ab, übertragen Sie diese auf Karton und schneiden Sie sie aus. Legen Sie die Schablone auf die Seide, ziehen Sie die Umrißlinien nach und schneiden Sie das Lesezeichen aus der Seide. Stechen Sie ein kleines Loch in die Spitze des Lesezeichens und befestigen Sie dort mit einer Musterklammer eine goldfarbene Quaste.*

Sie brauchen:
LESEZEICHEN MIT QUASTE:
Weiße Habutai-Seide (8 mm)
Goldfarbene Gutta
Plastikfläschchen mit 0,5-mm-Aufsatzdüse
Seidenmalfarben in Türkis, Grasgrün, Jadegrün, Pistazie, Ultramarin
Spannrahmen
Dreizackstifte
Pinsel oder Wattestäbchen
Musterklammern
Goldfarbene, etwa 10 cm lange Quasten
Dünnen weißen Karton
Haftspray
Ein scharfes Messer und ein Schneidbrett

Sie brauchen:
MARMORIERTE LESEZEICHEN:
Schmale Streifen weißer Habutai-Seide (8 mm)
Effektsalz und Meersalz
Seidenmalfarben in Pink, Lavendel, Azurblau, Ultramarin, Grasgrün, Opal, Türkis
Wattestäbchen
Pipetten
Plastikfolie
Dünnen weißen Karton
Haftspray
Ein scharfes Messer und ein Schneidbrett

◄ ▼ *Ein besonderes Geschenk für einen Bücherwurm sind diese Lesezeichen aus bemalter Seide.*

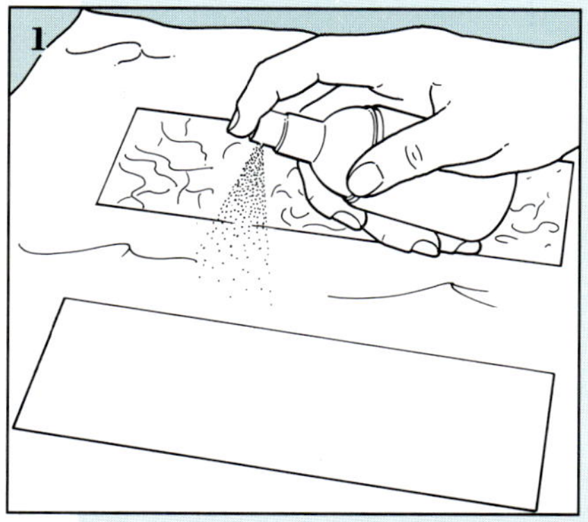

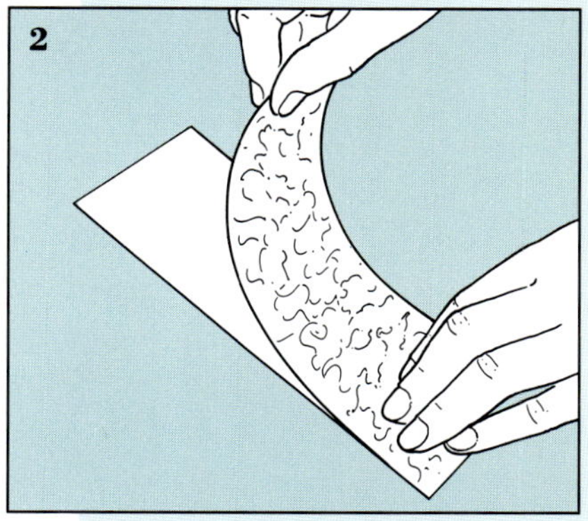

1 *Breiten Sie die Plastikfolie auf einer glatten Arbeitsfläche aus und legen Sie die Seidenstreifen darauf. Verwenden Sie für jede Farbe eine extra Pipette. Tropfen Sie Seidenmalfarbe auf den trockenen Stoff. Sprühen Sie diesen dann vorsichtig mit etwas Wasser ein, so daß die Farben ineinanderfließen. Streuen Sie Effektsalz auf die nasse Seide. Lassen Sie das Ganze trocknen.*

2 *Bürsten Sie das Salz von der Seide und fixieren Sie die Farben wie unter Punkt 6 auf Seite 10 beschrieben. Waschen Sie den Stoff in kaltem Wasser, um Salzreste zu entfernen. Lassen Sie die Seide trocknen. Mit Haftspray befestigen Sie zum Schluß die Lesezeichen auf dem Karton. Schneiden Sie die Lesezeichen in einer Größe von jeweils 5 x 20 cm aus dem Karton.*

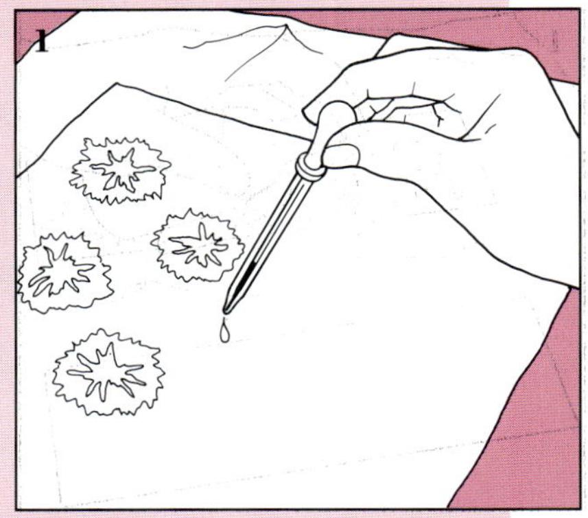

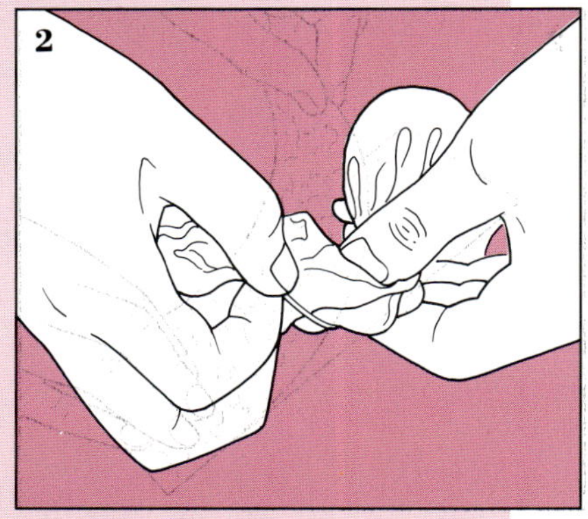

Sie brauchen:
LAVENDELSÄCKCHEN:
Taschentücher aus weißer Habutai- oder Schappeseide
Weiße Habutai-Seide (5 mm)
Seidenmalfarben in Eisblau, Lavendel, Violett, Pink
Pipetten
Plastikfolie
Zickzackschere
Gummiband
1,5 cm breites Schmuckband
Getrocknete Lavendelblüten

1 *Breiten Sie die Plastikfolie auf einer glatten Arbeitsfläche aus und legen Sie die Taschentücher darauf. Für das helle Säckchen sprühen sie den Stoff leicht mit Wasser ein. Tropfen Sie dann eisblaue, lavendel- und violettfarbene Farbkleckse auf die Seide und lassen Sie die Farben ineinanderfließen. Für das getüpfelte Säckchen tropfen Sie violettfarbene Punkte auf den Stoff und lassen diese 2 bis 3 Minuten antrocknen. Sprühen Sie dann kaltes Wasser auf die Seide und tropfen Sie anschließend nochmals violette Farbe auf das Tuch. Wenn die Seide fast trocken ist, tupfen Sie noch pinkfarbene Kleckse auf den Stoff. Für das kleine Säckchen tropfen Sie pink-, lavendel- und violettfarbene Seidenmalfarbe auf das trockene Tuch und lassen die Farben ineinanderfließen.*

2 *Fixieren Sie die Farben, wenn die Seide vollständig trocken ist. Mit einer Zickzackschere schneiden Sie aus der weißen Habutai-Seide Quadrate aus, die etwas kleiner als die Taschentücher sind. Geben Sie einen Löffel voll Lavendel auf diese Quadrate und verschließen Sie diese mit einem Gummiband. Legen Sie den Lavendelbeutel in das Taschentuch und verschnüren Sie dieses mit einem Schmuckband.*

▶ *Schenken Sie einer Hobbyschneiderin ein Nadelkissen. Oder überraschen Sie liebe Freunde mit Lavendelsäckchen.*

1 *Breiten Sie die Plastikfolie auf einer glatten Arbeitsfläche aus und befestigen Sie darauf die Seidenstoffe mit Klebeband. Legen Sie ein Alphabet aus Plastik auf die Seide und befestigen Sie dieses mit Klebeband. Geben Sie etwas Farbe in den Zerstäuber und sprühen Sie die Seidenmalfarbe auf. Wiederholen Sie das Ganze mit den anderen beiden Farben.*

Sie brauchen:
NADELKISSEN MIT ALPHABET:
Doupionseide in Pink, Blau und Türkis
Zerstäuber
Seidenmalfarben in Azurblau, Dunkeltürkis, Zyklamrot
Alphabete aus Plastik
Plastikfolie
Klebeband
Dünnen Karton
Passende Nähseide
Füllmaterial aus Polyester

2 *Entfernen Sie die Schablonen und lassen Sie die Farben trocknen. Fixieren Sie die Farben wie unter Punkt 6 auf Seite 10 beschrieben. Pausen Sie die Vorlage von Seite 103 ab, übertragen Sie diese auf den Karton und schneiden Sie sie aus. Legen Sie die Schablone auf die bemalte Seide und zeichnen Sie die Umrißlinien auf den Stoff. Auf dieser Linie wird später das Nadelkissen zusammengenäht. Stellen Sie die Nadelkissen (vgl. Seite 17) fertig. Stopfen Sie sie mit Füllmaterial aus und nähen sie zu.*

2

1 *Malen Sie mehrere Schmetterlingsmuster gleichzeitig auf ein Stück Stoff. Übertragen Sie die Vorlage für die Schmetterlinge von Seite 102 auf die Seide. Zeichnen Sie die Konturen mit Gutta nach und tragen Sie die Seidenmalfarben auf. Fixieren Sie die Farben und verstärken Sie die Seide mit einer Einlage.*

Sie brauchen:

Weiße Habutai-Seide (8 mm)
Silberfarbene Gutta
Plastikfläschchen mit 0,5-mm-Aufsatzdüse
Spannrahmen
Dreizackstifte
Pinsel oder Wattestäbchen
Dünne, aufbügelbare Einlage
Phantomstift

KARTEN MIT SCHMETTERLINGEN:
Seidenmalfarben in Gelb, Gelborange, Orange, hellem Zinnoberrot, Himbeerrot, Dunkelrot, Hellblau, Französischblau, Grün, Smaragdgrün, Dunkeltürkis
Silberfarbener Karton
Haftspray
Zickzackschere

WEIHNACHTSKARTEN:
Effektsalz
Seidenmalfarben in Karminrot, Grün, Tannengrün, Hellblau, Dunkelrot, Gelborange, dunklem Ocker, Dunkelbraun
Weiße, undurchsichtige Stoffmalfarbe
Weiße Grußkarten mit folgenden Bildausschnitten: 9,5 x 9,5 cm, 8 x 10 cm, 7 x 11 cm
Doppelseitiges Klebeband

2 Schneiden Sie mit der Zickzackschere die Schmetterlinge aus der Seide. Schneiden Sie den silbrigen Karton zu Grußkarten zurecht. Befestigen Sie die Schmetterlinge mit Haftspray auf den Karten.

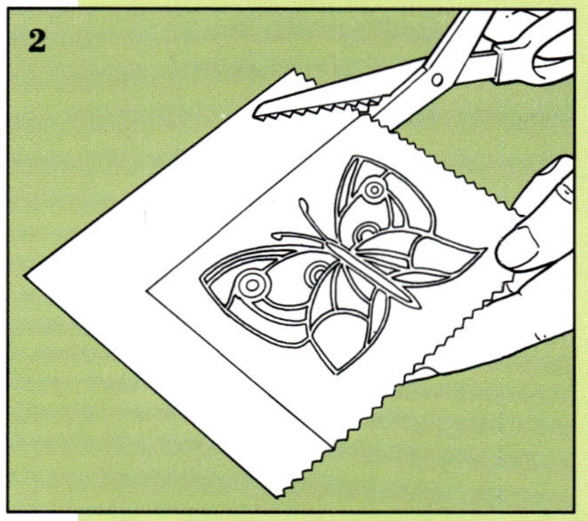

1 Malen Sie mehrere Motive gleichzeitig auf ein größeres Stück Seide. Pausen Sie die Vorlagen von Seite 102 ab und übertragen Sie diese mit einem Phantomstift auf die Seide. Spannen Sie den Stoff mit Dreizackstiften auf den Rahmen. Arbeiten Sie nach der Seidenmaltechnik von Seite 10 - 11. Ziehen Sie die Konturen der Motive mit silberfarbener Gutta nach. Rahmen Sie jedes Muster mit Gutta ein, damit die Farbe, mit der Sie später den Hintergrund ausmalen, nicht allzusehr zerfließt. Tragen Sie die Seidenmalfarben mit einem Pinsel oder Wattestäbchen auf. Lassen Sie das Ganze trocknen. Wenn Sie die Farbe für den Hintergrund bei den Karten mit Baum- und Schneemann-Motiv auftragen, streuen Sie etwas Salz auf die noch nassen Seidenmalfarben. Malen sie zum Schluß den Zuckerguß sowie den Schneemann mit weißer Stoffmalfarbe aus. Fixieren Sie die Farben und verstärken Sie die Seide mit einer Einlage.

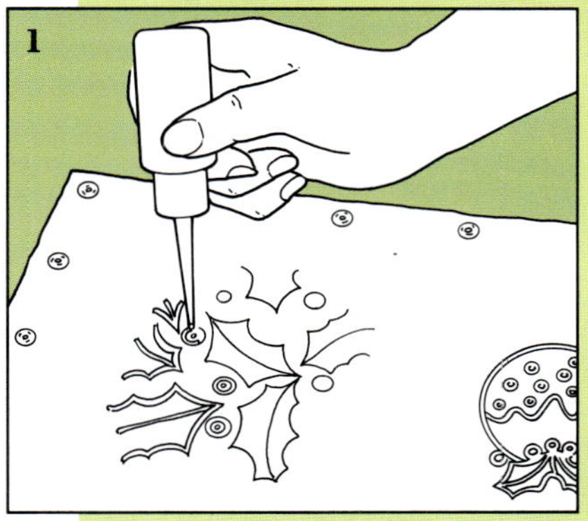

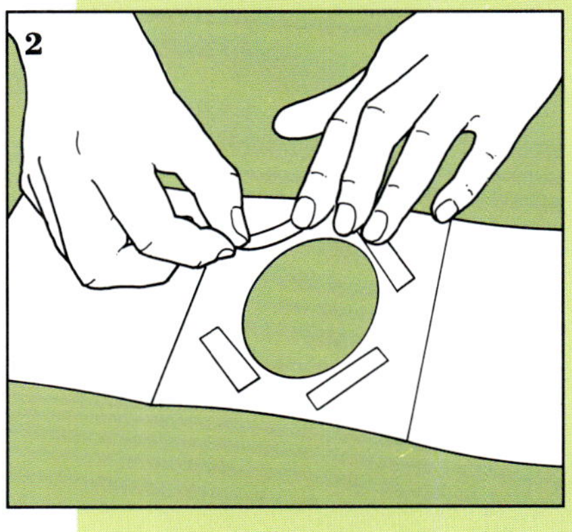

2 Legen Sie das Motiv über den Kartenausschnitt und schneiden Sie den Stoff zurück. Kleben Sie doppelseitiges Klebeband auf die »linke« Seite der Karte und befestigen Sie darauf die bemalte Seide.

◀ Diese Grußkarten eignen sich wunderbar für Weihnachten.

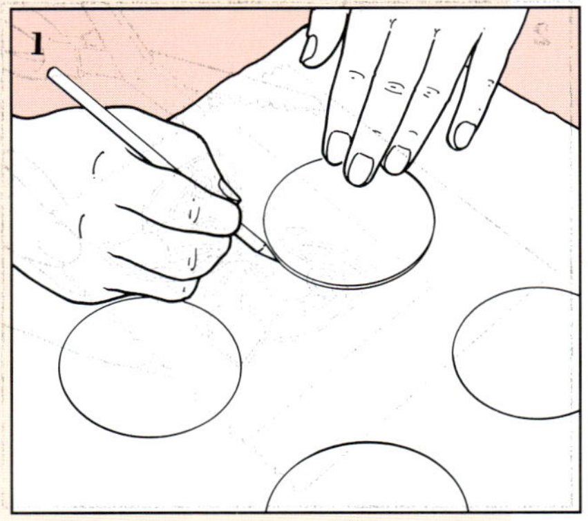

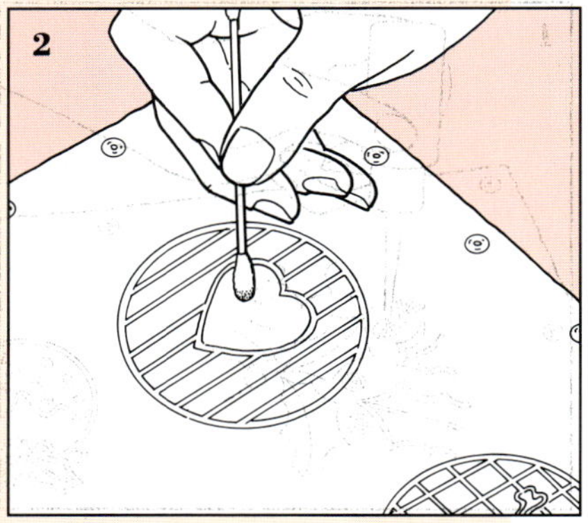

Sie brauchen:
Kleine Stücke weißer Habutai-Seide (8 mm)
Kupferfarbene Gutta
Plastikfläschchen mit 0,5-mm-Aufsatzdüse
Seidenmalfarben in Karminrot, Himbeerrot, Gelborange, Grün, Hellblau
Spannrahmen
Dreizackstifte
Pinsel oder Wattestäbchen
Aufbügelbare Einlage
Schmuckdosen (siehe Seite 102)

1 *Malen Sie mehrere Motive gleichzeitig auf ein Stück Seide. Entfernen Sie die Acetatringe von den Deckeln, legen Sie diese 5 cm voneinander entfernt auf den Stoff und ziehen Sie die Umrißlinien mit einem Stift nach. Pausen Sie die Vorlagen für Herz, Blume und Gans von Seite 102 ab und übertragen Sie diese auf die Mitte der markierten Kreise. Spannen Sie den Stoff auf einen Rahmen. Arbeiten Sie nach der Seidenmaltechnik von Seite 10 - 11. Ziehen Sie die Konturen der Motive sowie die Umrißlinien mit kupferfarbener Gutta nach. Lassen Sie alles trocknen.*

2 *Tragen Sie die Seidenmalfarben auf. Verwenden Sie das Foto als Farbvorlage. Lassen Sie die Farben trocknen und fixieren Sie diese. Verstärken Sie den Seidenstoff mit einer Einlage wie auf Seite 16 beschrieben. Schneiden Sie die Motive dann aus und beziehen Sie die Deckel mit der Seide nach den Angaben des Herstellers.*

▶ *In diesen versilberten Dosen können Sie Schmuck oder andere Erinnerungsgegenstände aufbewahren.*

Ausgefallene Geschenke

Sie brauchen:
Latexkleber
Notizbücher

GROSSES NOTIZBUCH:
Weiße Habutai-Seide (8 mm)
Klare und silberfarbene Gutta
Plastikfläschchen mit
0,5-mm-Aufsatzdüse
Seidenmalfarben in Gelbgrün, Olivgrün, Tannengrün, Türkisgrün, Petrol, Azurblau, Ultramarin, Preußischblau, Violett, Dunkelrot
Spannrahmen
Dreizackstifte
Pinsel oder Wattestäbchen

KLEINES NOTIZBUCH:
Schwarzweiß karierte Doupionseide
Cremefarben/schwarz-gestreifte Schappeseide
Effektsalz
Seidenmalfarben in Violett, Kastanienbraun, Tannengrün, Französischblau, Grau
Pipetten
Plastikfolie

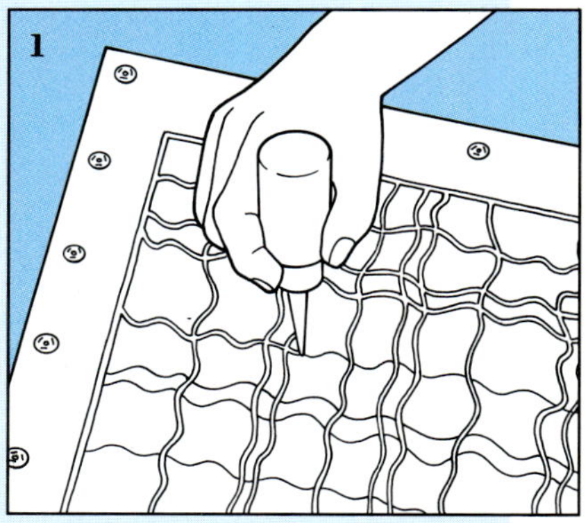

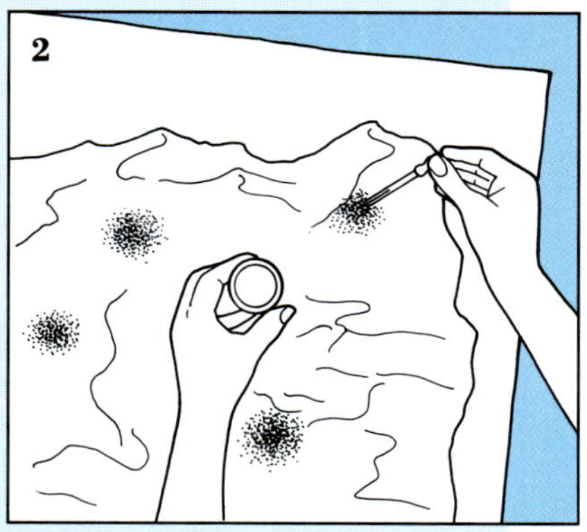

1 *Für die großen Notizbücher können Sie zwei oder drei Einbände gleichzeitig auf ein Stück Seide malen. Zeichnen Sie die Umrißlinien der Notizbücher auf weißen Seidenstoff auf und lassen Sie zwischen den Umschlägen einen Abstand von jeweils 8 cm. Spannen Sie den Stoff auf einen Rahmen. Zeichnen Sie mit silberfarbener Gutta freihand geometrische Muster sowie die Kante des Einbandes auf die Seide. Arbeiten Sie nach der Seidenmaltechnik von Seite 10 - 11. Lassen Sie das Ganze trocknen. Tragen Sie die Seidenmalfarben auf. Lassen Sie auch diese trocknen. Nehmen Sie den Stoff vom Rahmen und fixieren Sie die Farben. Schneiden Sie jeden Einband plus einer Stoffzugabe von 1,5 cm aus.*

2 *Für die kleinen Notizbücher breiten Sie die Plastikfolie auf einer glatten Arbeitsfläche aus. Machen Sie die Seidenstoffe naß, legen Sie sie auf die Plastikfolie und knüllen sie zusammen. Auf den karierten Stoff tropfen Sie mit einer Pipette Tannengrün, Französischblau und Violett. Bestreuen Sie die Seide mit Effektsalz, solange sie noch naß ist. Auf den gestreiften Stoff tropfen Sie Seidenmalfarbe in Kastanienbraun, Tannengrün, Französischblau und Grau, so daß die Farben ineinanderfließen.*

◀ *Sie verleihen Ihren Notizbüchern eine ganz individuelle Note, wenn Sie sie mit einem Seideneinband versehen.*

3 *Lassen Sie die Seidenmalfarben trocknen und fixieren Sie diese. Legen Sie die Seide um das geschlossene Buch und schneiden Sie den Stoff zurück; lassen Sie jedoch an allen Seiten etwa 2,5 cm Stoff überstehen. Legen Sie die Seide auf eine Arbeitsfläche und streichen Sie sie glatt. Halten Sie das Buch fest und legen Sie den Buchrücken genau in die Mitte des Einbandes. Schneiden Sie den Stoff zum Buchrücken hin ein.*

4 *Bestreichen Sie den Stoff entlang der Schnittkanten mit Latexkleber. Schlagen Sie das Stückchen Stoff unterhalb des Buchrückens schmal ein und drücken Sie die Stoffteile aufeinander. Lassen Sie den Kleber trocknen.*

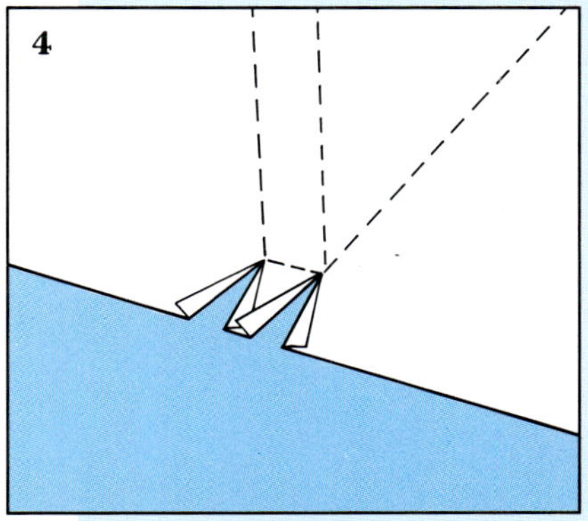

5 *Legen Sie das Buch wieder auf den Stoff. Geben Sie etwas Leim auf das schmale Stückchen Seide und schieben Sie es mit Hilfe einer Schere in den Buchrücken. Legen Sie die Seide über das geschlossene Buch. Heben Sie den oberen Deckel und einige Seiten an und schieben Sie dort einen Briefbeschwerer in das Buch.*

6 *Binden Sie zuerst den unteren Buchdeckel mit dem Seidenstoff ein. Schlagen Sie den Seidenstoff um die Kanten und kleben Sie ihn am Buchdeckel fest. Drehen Sie das Buch um und wiederholen Sie das Ganze auf der anderen Seite. Schneiden Sie farbiges Papier aus und befestigen Sie es auf der Innenseite der Buchumschläge.*

Ausgefallene Geschenke

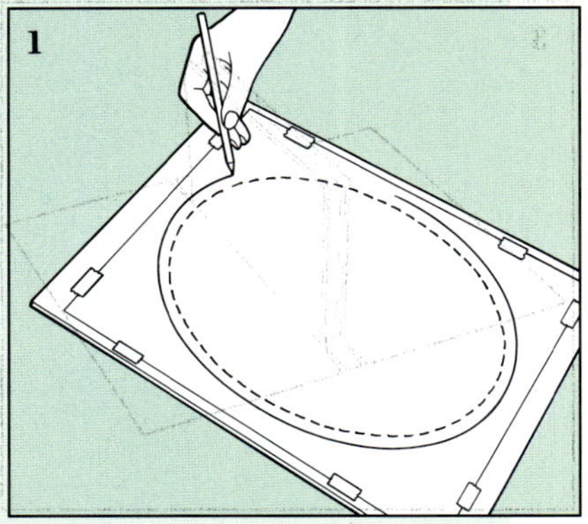

1 *Nehmen Sie das Tablett auseinander. Plazieren Sie das obere Brett (mit dem ovalen Ausschnitt) auf eine glatte Arbeitsfläche und legen Sie den Seidenstoff darauf. Zeichnen Sie mit dem Phantomstift das Oval plus 1,5 cm Stoffzugabe auf die Seide.*

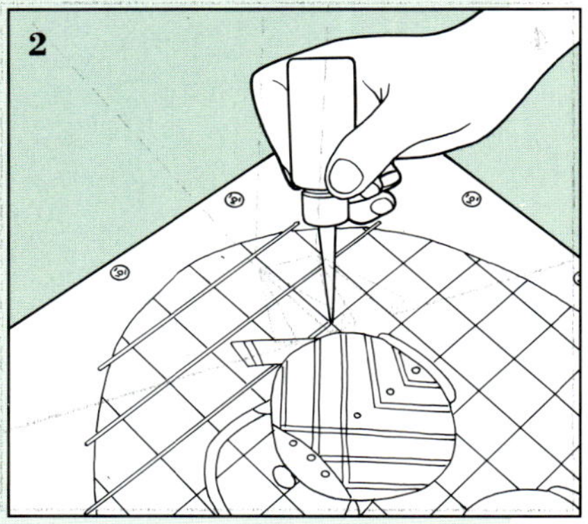

2 *Pausen Sie die Vorlagen für die Teekanne und das Karomuster von Seite 103 ab und übertragen Sie diese mit dem Phantomstift auf die Seide. Spannen Sie den Stoff mit Dreizackstiften auf den Rahmen. Zeichnen Sie die Konturen der Motive sowie die ovale Umrißlinie mit klarer Gutta nach. Lassen Sie das Ganze trocknen.*

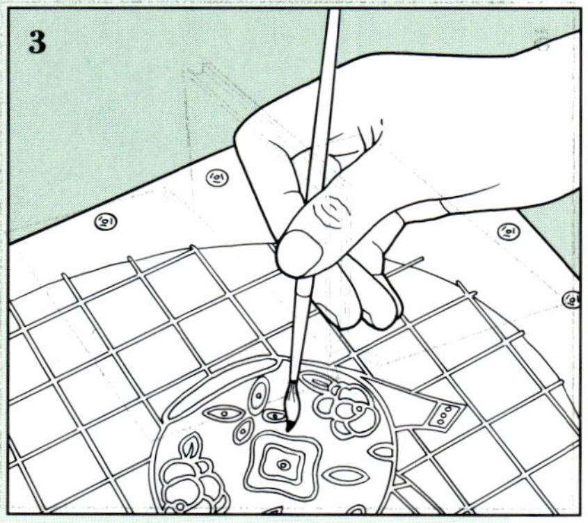

3 *Arbeiten Sie nach der Seidenmaltechnik von Seite 10 - 11. Tragen Sie die Seidenmalfarben auf. Verwenden Sie das Foto als Vorlage. Lassen Sie die Farben trocknen, nehmen Sie den Stoff vom Rahmen und fixieren Sie die Farben. Schneiden Sie das Motiv plus einer Stoffzugabe von 1,5 cm aus.*

Sie brauchen:

40 x 55 cm weiße Habutai-Seide (8 mm)
Klare Gutta
Plastikfläschchen mit 0,5-mm-Aufsatzdüse
Seidenmalfarben in Karminrot, Altgold, Eisblau, Mittelblau, Ultramarin
Spannrahmen, Dreizackstifte und Pinsel
Rechteckiges Holztablett (siehe Seite 103)
Dünne, aufbügelbare Einlage
Phantomstift

▶ *Damit dieses hübsche Motiv nicht verschmutzt, wird auf das Tablett eine Glasscheibe gelegt.*

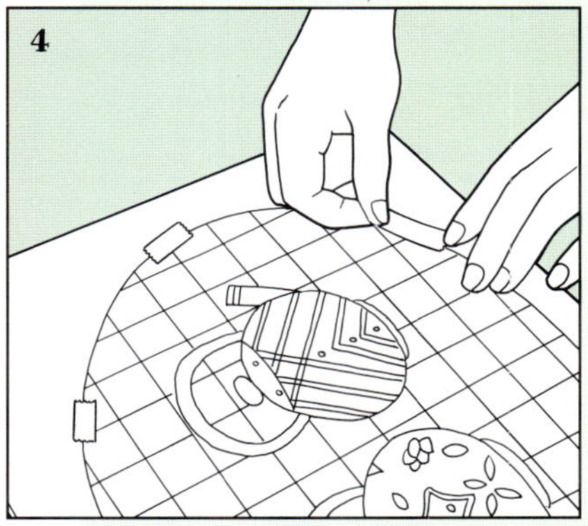

4 *Verstärken Sie die Seide mit einer aufbügelbaren Einlage. Legen Sie das obere Brett auf den weißen Karton, der zu dem Tablett gehört, und zeichnen Sie die ovale Ausschnittkante mit einem Stift nach. Entfernen Sie das Brett wieder und legen Sie den Seidenstoff mit der rechten Seite nach oben auf das aufgezeichnete Oval des Kartons. Befestigen Sie die Seide wie oben abgebildet mit doppelseitigem Klebeband. Bauen Sie das Tablett wieder zusammen.*

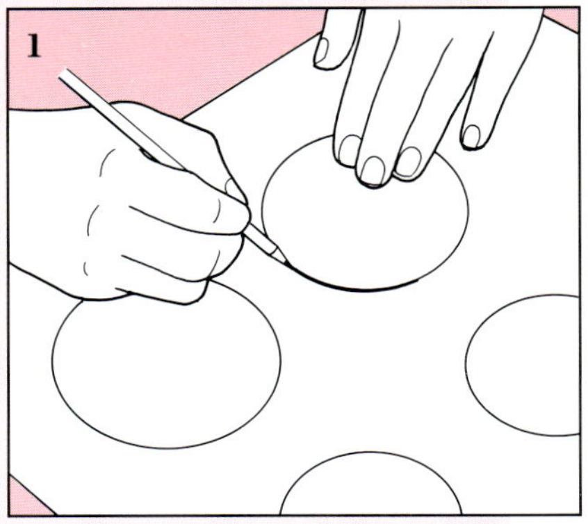

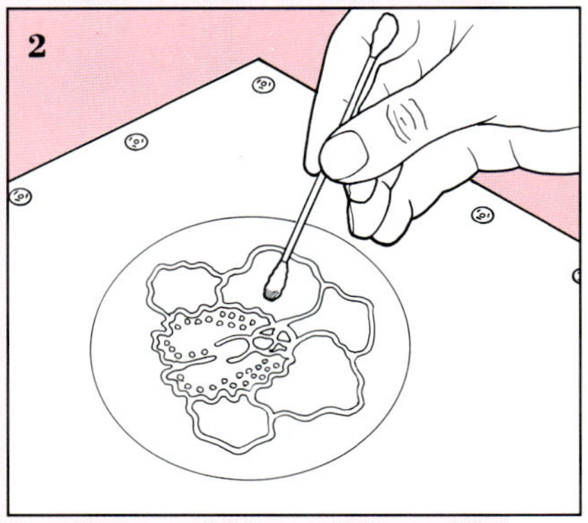

Sie brauchen:
Stoffreste von weißer Habutai-Seide (8 mm)
Klare Gutta
Plastikfläschchen mit 0,5-mm-Aufsatzdüse
Spannrahmen
Dreizackstifte
Pinsel oder Wattestäbchen
Kristalldosen mit versilberten Deckeln (siehe Seite 103)
Aufbügelbare Einlage

GELBE ORCHIDEE:
Seidenmalfarben in Pastellgelb, Gelborange, Ocker, Minzgrün

LACHSFARBENE ORCHIDEE:
Seidenmalfarben in blassem Lachsrosa, Bordeauxrot, Pflaumenblau

PINKFARBENE ORCHIDEE:
Seidenmalfarben in Zitronengelb, Sand, Pink, Bordeauxrot, Karminrot

1 *Malen Sie mehrere Motive gleichzeitig. Entfernen Sie die Acetatringe von den Deckeln und legen Sie diese 5 cm voneinander entfernt auf die Seide. Zeichnen Sie die Umrißlinien mit einem Stift auf den Stoff. Pausen Sie die Orchideen von Seite 103 ab und übertragen Sie diese in die Mitte eines jeden Kreises. Spannen Sie die Seide mit Dreizackstiften auf einen Rahmen. Ziehen Sie die Konturen der Orchideen sowie die Umrißlinien der Kreise mit klarer Gutta nach. Lassen Sie alles trocknen.*

2 *Arbeiten Sie nach der Seidenmaltechnik von Seite 10 - 11. Tragen Sie die Seidenmalfarben auf. Verwenden Sie das Foto als Farbvorlage. Lassen Sie die Farben trocknen, nehmen Sie den Stoff vom Rahmen und fixieren Sie die Farben. Verstärken Sie die Seide mit einer Einlage. Schneiden Sie dann die Motive entlang den Umrißlinien aus. Setzen Sie die Deckel nach den Angaben des Herstellers zusammen.*

◀ *Elegante Kristallgläser wurden mit Orchideen verziert.*

Schablonen

Auf den folgenden Seiten finden Sie die Schablonen zu den im Buch vorgestellten Seidenarbeiten. Vergrößern Sie die Schablonen auf einem Fotokopiergerät auf die gewünschte Größe. Das Raster hinter den Schablonen hat eine Seitenlänge von jeweils 1 cm.

(1) **Katze und Hund** (Seite 46)

(2) **Tulpen** (Seite 25)

(5) **Paisleymuster** (Seite

(3) **Muscheln** (Seite 28)

(4) **Aufgesprühte Muster** (Seite 31)

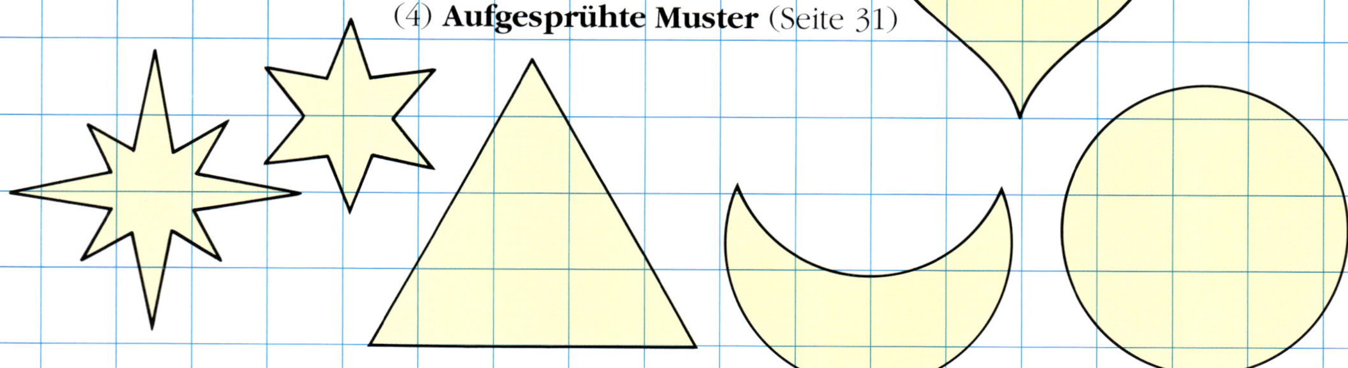

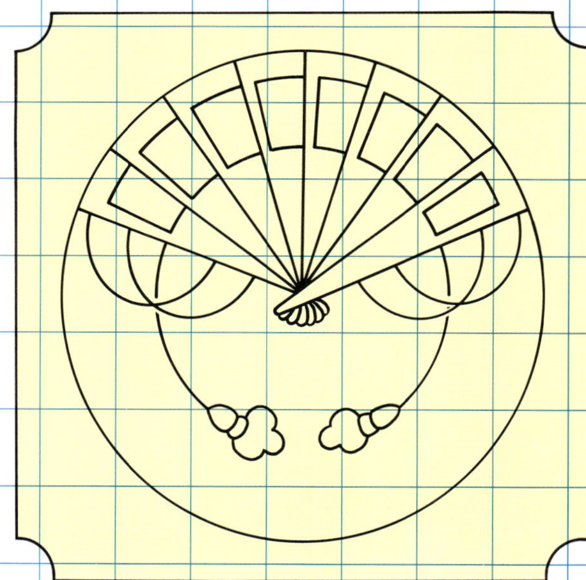

(6) **Seidentop** (Seite 50)

(7) **Sterne** (Seite 52)

(8) **T-Shirt** (Seite 54)

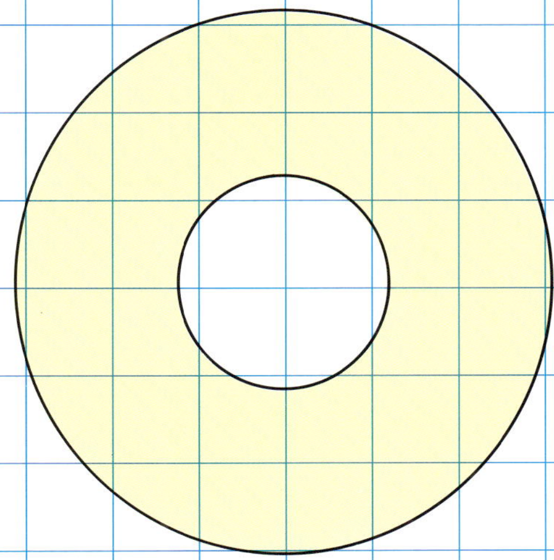

(11) **Taufkleid** (Seite 58)

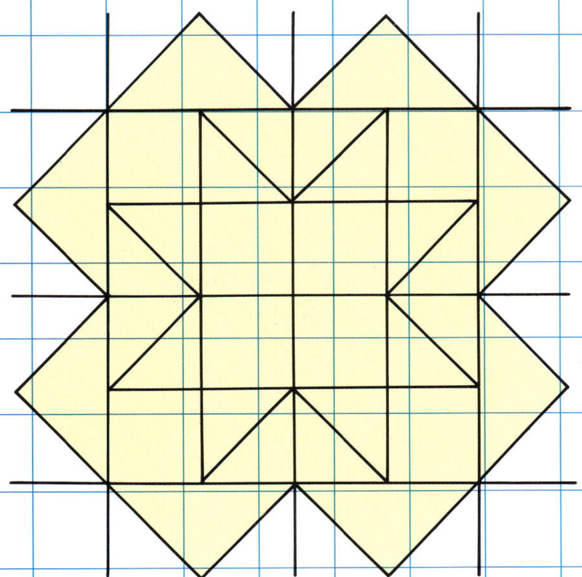

(9) **Weste** (Seite 60)

(10) **Tischdecke** (Seite 64)

(12) **Wandbehang** (Seite 68)

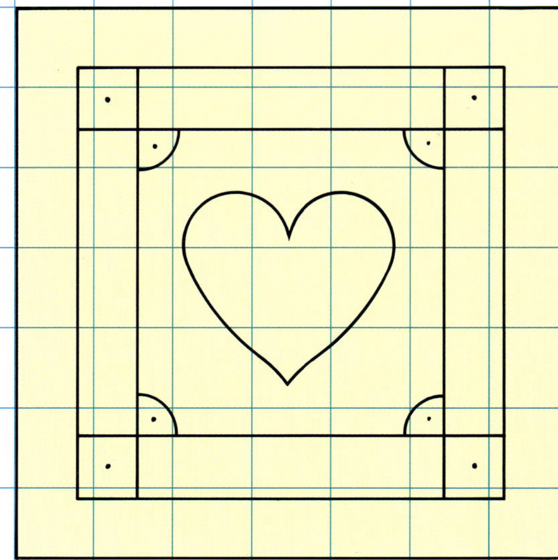

(4) **Herz** (Seite 80)

(1) **Blumenmuster** (Seite 72)

(2) **Nadelkissen** (Seite 87)

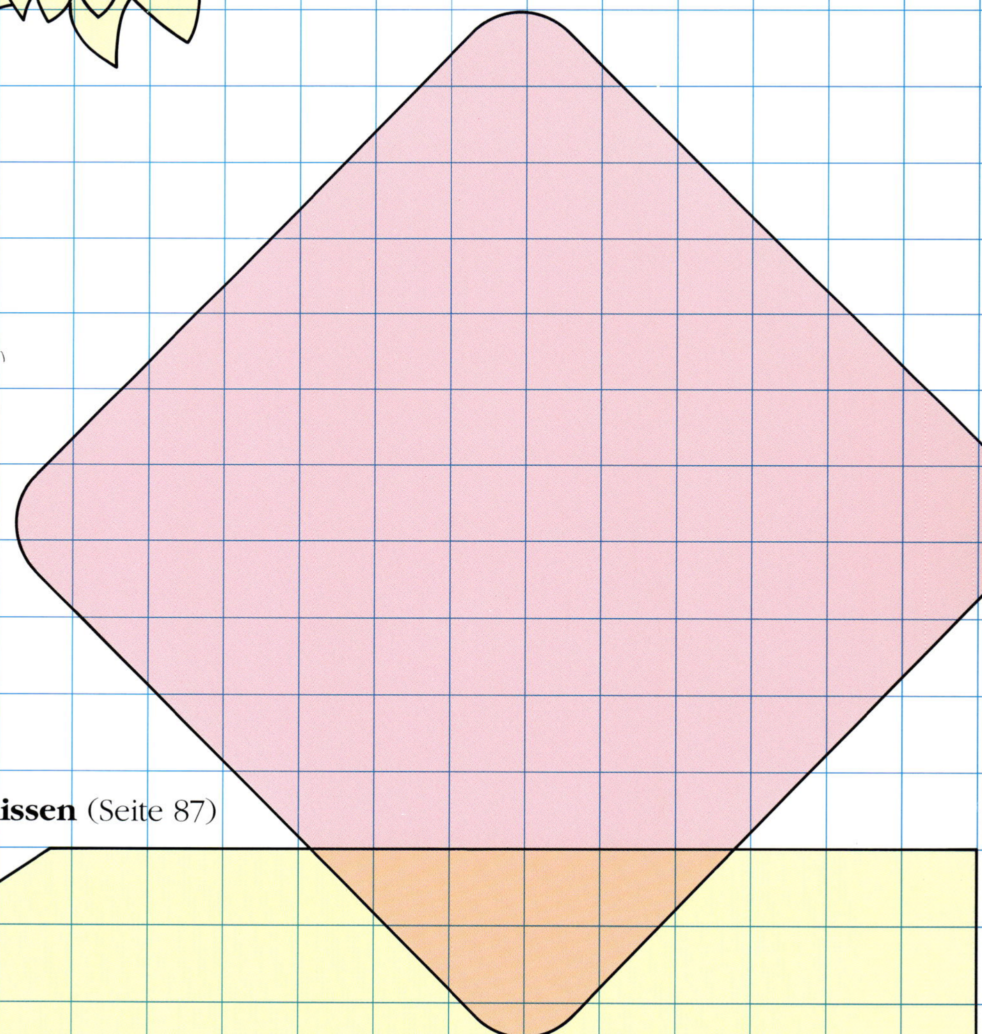

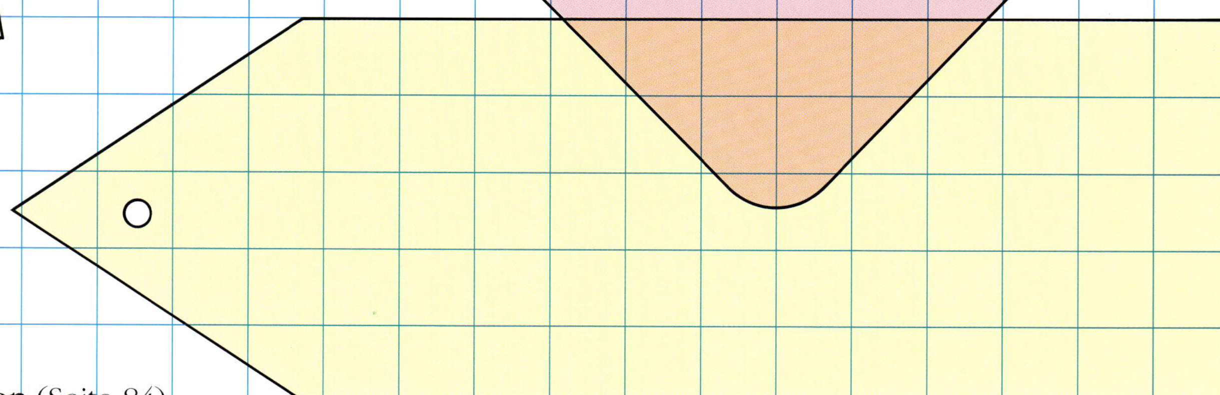

(3) **Lesezeichen** (Seite 84)

(5) **Kariertes Säckchen** (Seite 80)

(6) **Kissen** (Seite 80)

(7) **Uhr** (Seite 74)

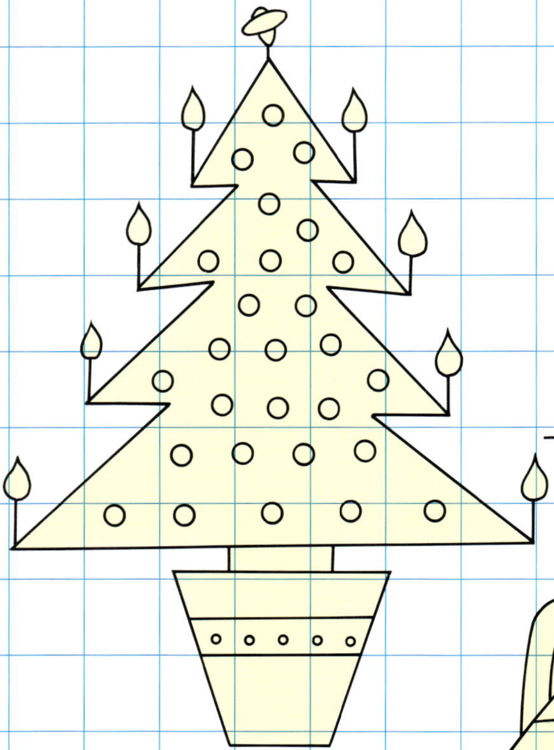

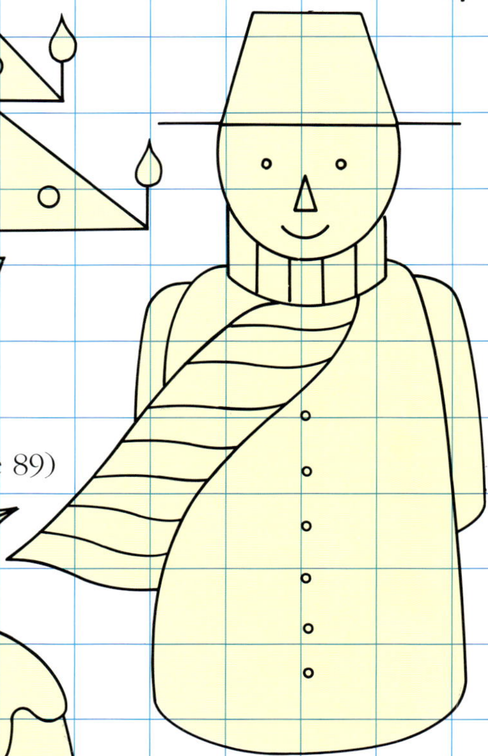

(1) **Weihnachtskarten** (Seite 89)

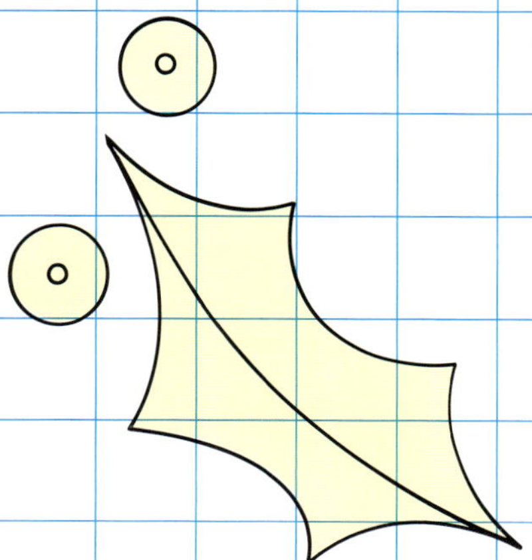

(2) **Schmetterlinge** (Seite 88)

(3) **Schmuckdosen** (Seite 90)

(4) **Tablett** (Seite 90)

(5) **Orchideen** (Seite 96)

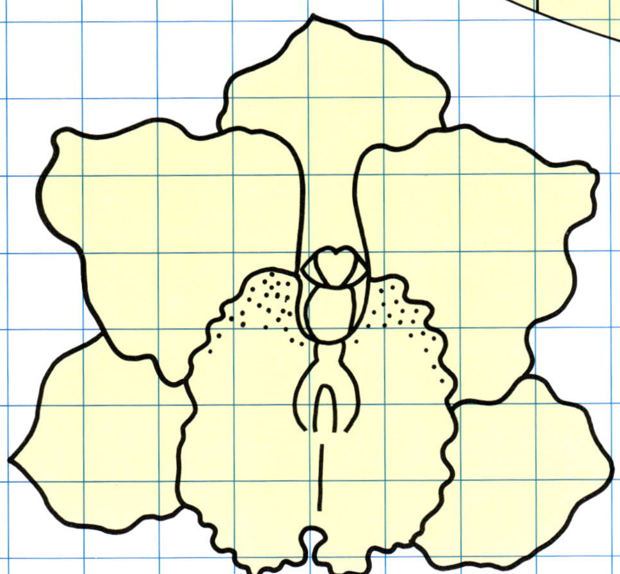

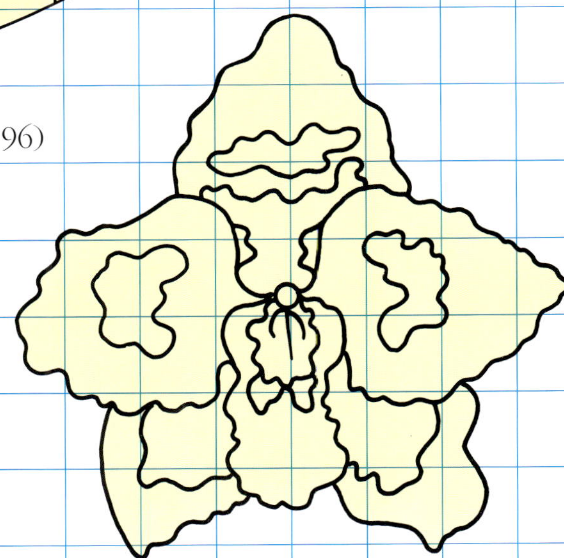

Herausgeber: Jo Finnis
Bearbeitung: Sue Wilkinson
Gestaltung: Barry Savage
Fotografie: Steve Tanner
Illustration: Geoff Denney
Satz: Elaine Morris
Herstellung: Ruth Arthur, Sally Connolly,
Neil Randles, Karen Staff, Jonathan Tickner
Herstellungsleiter: Gerald Hughes

Danksagung

Die Autorin dankt Judy Davis für die Kleider-Entwürfe sowie Cheryl Owen für die Bucheinbände mit Seidenstoff.
Besonderer Dank gilt auch den Firmen, die mit ihren Materialien dieses Buch unterstützt haben:
Marabu Seidenmalfarbe, Georg Weil, Fred Aldous, Framecraft Miniatures Ltd.

12
9
3
6